说 服

牛克锦 著

图书在版编目（CIP）数据

说服 / 牛克锦著 . — 长春 : 吉林文史出版社，2019.7（2023.8 重印）

ISBN 978-7-5472-6454-6

Ⅰ . ①说… Ⅱ . ①牛… Ⅲ . ①说服－语言艺术－通俗读物 Ⅳ . ① H019-49

中国版本图书馆 CIP 数据核字（2019）第 153369 号

说　服

出 版 人　张　强
著　　者　牛克锦
责任编辑　陈春燕
封面设计　韩海静
出版发行　吉林文史出版社
地　　址　长春市福祉大路出版集团 A 座
印　　刷　德富泰（唐山）印务有限公司
版　　次　2019 年 7 月第 1 版
印　　次　2023 年 8 月第 2 次印刷
开　　本　880mm × 1230mm　1 / 32
字　　数　120 千字
印　　张　6
书　　号　ISBN 978-7-5472-6454-6
定　　价　38.00 元

前　言

人际交往其实是一个说服与被说服的过程，不是我说服了你，就是你说服了我。只要人与人之间存在意见分歧，又想要让对方赞同你，就必须想办法说服对方。当然，这包括我们对他人有事相求。对方同意我们的说辞，理解我们的难处，才能被你说服，愿意帮助你。

所以生活中，我们需要说服很多人，包括亲人、朋友、同事、领导，甚至是陌生人，必须让自己成为一名说服高手，才能在生活中顺风顺水，在职场上如鱼得水，在家庭中幸福美满。

想要成为说服高手，练就高超的说服力，并不是简单的事情。

这需要我们制订详细的说服计划，做好心理等方面的准备，更需要练就出色的口才，说出动听、感人的话语。只有做好万全的准备，并且善于利用一切可以利用的工具和技巧，我们的话语才能更具说服力。只有把话说得非常“优美”“动听”，才能爆发出惊天动地的威力。

当然，仅仅做到这些，还远远不够。说服别人从来不能只靠动听的语言，更多的是靠我们能否真正掌握对方的心理，是否用语言来打动和征服其内心。只要我们能读懂对方的真实想法，攻破对方最复杂的心理防线，一分钟就可以达到说服的目的。若是我们无法走进对方的内心，说出对方不感兴趣的话，即便口若悬河、巧舌如簧，恐怕也只能铩羽而归。

真正的说服高手，能够用最简单的话，让对方心甘情愿地赞同自己的观点。他们不会采用强硬的态度、冰冷的语言，更不会与对方争论。他们知道，除了辩论、谈判等少数场合，口头上的输赢并不代表最后结果的输赢，甚至会适得其反。

真正的说服高手，能够设身处地为对方着想，说对方感兴趣、喜欢听的话，更善于调动对方的情绪和情感。正是因为他们能把话说到对方心窝里，且巧妙地打动对方，所以能轻而易举地征服对方。

正如一位智者所说："世界上最难的事还是说话，即便学富五车、历经世情的人，也未必能把话说好。想要把话说好，就应该做到看管好自己的嘴，照顾好他人的心。"也就是说，一个真正的说服高手，就是聪明的攻心者。

《说服》这本书可以告诉你如何读懂被说服者，并走进他们的内心；如何吸引被说服者的注意，打开对方的心理防线；如何用最富有感染力的语言，使得对方心悦诚服……

从这本书中，你可以知道：练就高超的说服力，并不是非常难的事情。只要能掌握好方法和技巧，便可以轻松做到。

第一章 为什么Ta拒绝被你说服

说服他人，有被接受，就有被拒绝。可很多人并不知道自己为什么会被拒绝，他们往往把原因归咎于被说服者，认为对方固执，蛮不讲理。其实，大多数原因就在他们自己。

好好思考一下！只有弄明白了别人为什么拒绝被你说服，你才有可能成功地说服对方。

闲话太多，
就别想有说服力

说服过程中，很多人喜欢委婉，往往不直接点明主题，而是采取迂回的方式，先说一些无关紧要的闲话，然后再慢慢步入正题。

不得不承认，他们的想法确实很有道理，做法也无可厚非。某些时候，先闲话家常再进入主题，一方面可以活跃气氛，消除对方的戒备心理；另一方面，则使得说服不那么突兀，提高成功率。可以说，这是一套相当不错的说服策略。

可闲话太多，说半天也说不到主题，总是重复那些啰嗦的闲言碎语，就有可能让自己的说服计划“流产”。每个人的时间都是宝贵的，你唠唠叨叨地说半个小时、一小时，还没有步入正题，你的说服对象会有那么多时间听你闲话家常吗？

也许你觉得这样可以活跃气氛，可不知不觉中已经磨平了对方的耐性。当你终于进入正题的时候，他已经没有耐心再听了。

何婷是一个化妆品专柜的销售员，她工作非常认真，上岗之前花了很长时间熟悉该产品的资料，包括化妆品的成分、功能、生产工艺、代言人、产地……各种琐碎的知识，她都清晰地记在脑子里。按理说，何婷应该业绩不错！事实上，她很难说服客户。我们不如看看她是怎么做的吧！

当客户停在柜台前时，何婷便会打起精神“上场”，微笑着对客户说：“女士，您好，欢迎光临我们XX专柜。您现在手上拿的这个面霜是我们的畅销产品，效果非常不错，而且是由许多专家经过多年研究而研制出来的。它可是我们品牌的主打产品之一。”

女士听了何婷的介绍，犹豫地说道：“我平时使用的是另一个牌子的产品，对这个牌子不是很了解。”

何婷立即给这位女士介绍起这款产品来。她滔滔不绝地说：“我们的化妆品可是国际大牌，有一百多年的历史了。这个品牌的创始人是一位英国人，听说是一位身份高贵的贵族。他的妻子特别美丽，这个贵族为了让妻子青春永驻便研发了这个产品……”

女士一听何婷竟说起创始人的逸事，并且还说个没完没了，便赶紧打断她，说：“嗯嗯，我知道你说的事情，这个品牌的历史确实挺久远的，我也在大街上看到了你们的广告，所以想要了解一下产品。”

何婷一听客户对自己的产品有兴趣，还关注了产品广告，就又开始介绍："没错，我们现在推出了一系列广告，还请了一个大明星做代言，她叫XXX。你看她皮肤那么好，就是因为使用了我们的面霜。这个明星现在可火了，演了许多电视剧，我都喜欢看。当初我们公司邀请她做广告时，可是费了很大的周折……"

这时候，女士已经有些不耐烦，根本不想听何婷说这些没有用的东西。于是，她再次打断何婷说："我想问一下这款产品的主要功能是什么？我的皮肤比较干燥，尤其是换季的时候，干燥情况更加严重，所以想要保湿效果比较好的产品。"

主要功能？何婷马上想起说明书上的介绍，便按照说明书讲了起来："我们这个面霜制作程序复杂，用料讲究，里面含有雪莲花、荷花等，不仅具有保湿效果，还能去除脸上的痘印。女士，您想想，我们这款产品有将近二百多道程序，每一道程序都很……"

最后，这位女士终于忍不住，把面霜放下，看了看手机，说："好的，谢谢你，我今天有点事，以后再说吧。"

"您先别走，我们今天还有活动呢，只要您……"何婷还没说完，这位女士已经走远了。何婷非常纳闷地说："为什么我说了这么多，她都不动心呢？"

其实，何婷的问题就在于她闲话太多了，且没完没了。每当客户问一个问题的时候，她就说一大堆话，还是一大堆无关紧要的话。这不仅没有解决客户的问题，反而浪费了客户的时间，这样的说话方式怎能说服客户呢？

生活中，这样的例子并不少。很多人在说服他人时说了一堆话，结果都是闲话，没有涉及重点。这样一来，即使你说了一百句，等于一句话也没有说。

所以，想要顺利说服他人，不仅要会说话，还要把话说到点子上，在最短的时间切入正题。我们要抓住关键点，长话短说，不讲空话，实现自己的目标。

不管是说服客户还是和同事、上司谈工作；不管是有事求人还是演讲，我们都应牢记自己的目的，在最短的时间内切入主题，适时地说重点内容，而不是海阔天空地侃天说地。

这是一种说服的艺术，也是我们需要遵守的社交礼仪。试想，别人好不容易抽时间听你说话，你却绕来绕去、啰啰嗦嗦，难道不是对对方的不尊重吗？这样的人，怎能赢得别人的尊重呢？

事实上，说服过程中，你是适当地切入正题，还是闲话太多，不仅影响你说服的效果，更影响你的人缘和事业。小赵和小王就是很好的例子。

小赵和小王都是职场女性，平时工作努力认真，可境况却截然不同。小赵时常抱怨说："我工作努力，待人热情，为什么同事不喜欢我，老板不青睐我？"其实，看她日常与人相处，便可以知道原因了。

小赵没有职场女性那股子风风火火的劲头，说话温柔，比较婉转，即便和别人说正事，也总是闲话一箩筐，顾左右而言他，说话总是说不到重点，兜兜转转到最后，把自己都转蒙了。所以，同事们都不太愿意和小赵共事，和她谈话总会浪费时间，讨论半天也没什么结果。

说服客户的时候，小赵更是如此。为了拉近与客户间的距离，她往往东拉西扯地说上很多闲话。可这样的闲话总是让客户觉得烦躁，认为她不够真诚，太过啰嗦。结果，不仅失去交谈的耐心，也产生了排斥心理。

小王正好相反，她从小就想成为一位女强人，平时做事一丝不苟、干净利索，更不会找同事闲聊。遇到什么事情，她总是开门见山，在最短的时间内说明自己的目的，用最快的时间解决问题。虽然她有些不苟言笑，不和同事们闲聊，但由于说话比较客气，也赢得了同事们的欢迎。

对待客户的时候，她也是如此。约客户见面的时候，她总是喜欢打个招呼，说句“您好”，然后简单地自我介绍和寒暄几句，就直接进入正题。就是因为她为人直率，从不浪费多余的语句，客户都愿意和她打交道。

显然，小赵和小王是两种截然不同的表现，说服效果也截然不同。因此，我们应该明白，在说服过程中，应该学会用迂回的战术，适当穿插一些与主题无关的话来活跃气氛，但想要有效地提高说服效率，就必须做到语言简洁、准确、明晰，尽快进入主题和重点。

千万不要一味闲话家常，那些闲言碎语，可能一说起来就没完没了。如此一来，你的目的就会被冲淡，磨掉倾听者的耐心，说服不可避免地遭遇失败。

简单寒暄一下，稍稍闲聊一会儿，找到双方的共同点，对对方有基础的了解，然后直接进入主题，开始说服。这样的说服，才真正有效率和效果，又不失礼貌。

照本宣科，

你还想征服他人吗？

如果我们想要更好地说服他人，就要把说服看作一场战争，把自己看作冲锋陷阵的将领。想要获得胜利，必须制订作战计划。不过，我们要知道，战场局势往往瞬息万变。如果作战计划固定不变，遇到突发状况时，就会使自己变得被动起来，以至于影响最后的胜利。

同样的道理，说服他人的时候，我们必须提前做好准备，制定说服计划，包括如何说开场白、套近乎、攻陷对方的内心等。尤其是演讲时，想要有效地说服听众，我们必须事先准备演讲稿。比如，很多人为了能够让自己的演讲出彩，通常事先准备很多材料，然后费尽心思写出一篇出色的演讲稿。

但是，字斟句酌写出来的演讲稿，真的能够让一次演讲变得精彩有力吗？就能真正影响听众，让听众心服口服吗？

其实不然，说服过程中，一旦不能根据实际情况灵活变化，而是完全照搬计划和演讲稿，只能让自己陷入困境。照搬演讲稿会让说服者失去灵活性，就像死背书本一般，无法真正投入感情。这样一来，听众的情绪怎能受感染？又怎能心悦诚服地被说服？

不妨看看这个事例：

一位著名的播音主持人讲述过这样一个故事：他在上大学的时候，参加过一场校内演讲比赛。他精心选择了一个故事，写下了稿子，并把稿子在心里熟记了多遍。为了让自己的演讲更有感染力，他还特意照着镜子练习表情和动作，比如哪句话应该微笑，哪句话应该挥手……

到了正式比赛的那天，他以为自己可以正常发挥，可是由于太过紧张，完全忘了自己是怎么练习的。无奈之下，他只能靠着记忆背诵演讲稿，好在他记忆力不错，记住了所有内容。

可是，由于他只是背诵原稿，再加上神情紧张，使得演讲没有丝毫感染力，场下听众也缺乏兴趣。虽然他的演讲内容非常不错，有深度，有哲理，但他还是失败了。试想，哪个听众愿意听你来背诵“课文”呢？

可见，如果一个说服者只是单纯地念稿子，就不像在“说话”。换句话说，说服者更像在陈述一件事情，或者自说自话，而没有真正和台下的听众进行有效的沟通。这样一来，说服质量就大打折扣。

同时，太依赖稿子，不能随机应变，除了达不到预期的演讲目的外，还可能因为意外导致自己面临尴尬的局面。

我们知道，丘吉尔不仅是一位伟大的领导者，更是一位出色的演讲者。他的演讲富有感染力和说服力，往往可以让听众激情澎湃。但在他的早期演讲中，也曾出现过尴尬情况，这完全是因为他过于依赖演讲稿。

那时候，丘吉尔在做演讲之前会把演讲稿写好，然后默默记在心里。有一天，他进行一场演讲的时候，脑子里突然一片空白，完全记不起下一句该说什么。到最后，丘吉尔只好随便说了几句，然后红着脸走下演讲台。经历过这样的事情以后，丘吉尔再也不肯背演讲稿了。

事实上，所有出色的演讲者和说服者，会在演讲和说服之前做充分的准备，也会有说服和演讲的草稿，但绝不会照本宣科，而是精心确定主体内容，然后根据实际情况灵活应变。他们的说服更自然，贴近听众，比照本宣科更具感染力。

更重要的是，他们会根据情况变化在内容或时间上调整自己的计划。

一个企业的年会上，5名优秀员工需要发表简短的演讲。按照会议安排，每个人只有15分钟，讲讲自己的工作经验以及工作中遇到的主要挑战和解决办法。

前4名员工都是循规蹈矩地发表了自己的演讲。在他们的演讲过程中，每位演讲者都站在讲台后的半暗处，旁边是舞台的中心位置，也就是通常意义上用来放映幻灯片的屏幕。轮到最后一个员工，他明显感觉到一些听众已经开始打瞌睡。于是，他做出一个意想不到的举动，关掉用来展示PPT的投影仪，并让工作人员打开观众席的灯。接着，他将麦克风拿在手里，离开讲台，走向中间的过道。

“这十五分钟，我想与众不同地加以利用，”他对身边的观众说，“我将尽可能简单地告诉大家自己最近一年做了什么，然后想请大家以自己的经验来判断我的办法有什么优势和不足。如果可以，还请大家告诉我，我的解决办法应该有哪些改进。”

随后，他通过提问的方式与听众交流，这样一来，听众的积极性被充分调动起来，他的演讲——与其说是演讲，不如说是分享、讨论，也赢得听众的热烈掌声。事实上，他的提问、讲述都是根据PPT来的，只是换了一种方式体现出来罢了。

所以，好的说服不言而喻，要有好的准备，包括计划和演讲稿，但千万不能照本宣科。适时调整说服方式，让说服具有多变性、随机性，这样才能拥有更强的说服力。

虚情假意的话语，听着就让人不舒服

心理学家丹尼尔·戈尔曼在《社交商》中提出一个有趣的理论，那就是我们可以分辨别人表情、姿态、语气中的微妙含义，体会和感受到别人的情绪，从而促使我们学会从简单到复杂的模仿。

社交活动大致可分为两个阶段：了解他人和表达自我。就拿说服他人来说，这实际上就是一个了解他人和表达自我的过程。说服过程中，我们和说服对象相互辨别对方的表情、姿态、语气中的微妙含义，感受对方情绪的变化，相互模仿，并且做出反应。当然，遇到愉快的事情时，彼此间也能很快获得快乐的情绪。

也就是说，我们在说服他人的时候，真诚、愉快地向对方传递信息时，对方会做出一连串反应，进而在情感上认同我们。对方一旦在情感上认同了我们，我们的说服过程将会变得极为容易。

所以，我们要知道，说服别人的时候，不仅要传递想要传递的信息，还要让信息附带真挚的情感。比如真诚、喜爱、热情，抑或是对某件事情、某个人的厌恶、痛恨等。这些情感可以通过语音、语调或者表情，有时甚至只是一个微小动作表现出来。一旦对方感觉到这些信息，就会在情感上认同我们，这正是我们所需要的。

实际上，生活中很多高超的说服者，都是把“情”放在说服过程中的第一位，任何一句话都能赢得听众的情感认同，感动听众的内心。如同一位著名演讲家所说：“在演讲和一切艺术活动中，唯真情，才能使人怒，使听众信服；唯真情，才能激起听众的共鸣，产生震撼人心的力量。”

林肯在说服他人的过程中非常注意情感的传递，注意通过话语、表情、声调、肢体语言展现自己的情感。

林肯当过律师，无偿为很多穷人打过很多官司。有一年，一位年迈的寡妇向林肯求助。她的丈夫在美国革命中牺牲，可是某位政府行政官员在她领取400元抚恤金时竟然克扣一半，还说是必须缴纳的手续费。

林肯听完老妇人的哭诉后，勃然大怒。在他的心中，这种行为是最不能饶恕的。于是，他决定立刻对那位行政官员提起诉讼。为了在法庭上能辩论胜利，他在做准备时还特别读了华盛顿的传记和美国革命战争史。

很快到了开庭时间。站在法庭上，林肯追述了当初由于美国人民受到压迫而激起的民族热情，群起为自由而战。他描述了他们所经历的艰难困苦，以及如何克服天气严寒，走过冰天雪地的广大地区。

这一番讲述，勾起所有听众的爱国之情，以及对为国捐躯战士的崇敬之情。见听众产生了情感认同，林肯立即转入正题，指责那位行政官员，愤怒地痛斥他竟敢剥削当年为国捐躯的一位兵士之遗孀的半数抚恤金。

只见他目光怒视着那位被告，全身激动，几乎想剥了他的皮。听众也被这种愤怒情绪感染，狠狠地盯着那位无耻的官员。

最后，林肯情绪更加激动，他大声疾呼，希望能够给予年老、衰危、又跛又盲、贫困无依的遗孀以公平，希望保护这位可怜的老妇人。“我们这些享受革命先烈争取到自由的人们，是否应该援助她呢？”

林肯饱含真情的陈述，不仅让听众流下热泪，就连法官和陪审人员的眼中也含了泪。结果不言而喻，法官和陪审人员一致认为老妇人应得的养老金分文也不能少，并且给予那位可恶的官员以严厉的惩罚。

为什么林肯能够成功地说服他人？关键在于他的话语正直，富有情感，并将这种情感传递给听众，得到听众的认同。

所以，作为一个说服高手，我们需要得到说服对象的情感认同。只有真情实感，才能打动听众，让听众受到强烈的心灵震撼，从而做出积极反应。很多时候，你饱含真情的一句话，就能感动得听众落泪，增强说服的感染力。

相反，若是在说服过程中，你只关注自己的目的，而没有投入真情实感，或是虚情假意，不仅无法感动听众，还可能引来别人的反感。

比如，很多说服者只注重提升口才，追求华丽的语言，结果讲话华而不实，缺少真诚。这样的说服只能是无果之花，被听众鄙夷；有的说服者缺乏真挚而热烈的情感，只是用“人工合成”的感情。它虽然能欺骗听众的耳朵，却永远骗取不到听众的心。

总之，虚情假意的话语，听着就让人不舒服，更别想说服他人了。华而不实的语言，除了华丽没有一点情感，无法让说服对象在情感上认同我们。所以，说服他人时，一定要拿出自己炙热的情感，让听众为了你的成功而欢呼雀跃，为你的悲伤而伤心落泪。

情感上获得胜利，我们的说服战自然就更容易胜利！

说服，
并不是一个人唱独角戏

说服不是一个人唱独角戏，而是由说服者和被说服者构成的双向沟通。说服者表达自己的想法和主张，被说服者需要提出自己的意见——不管是赞同还是拒绝，进行一次次协调、沟通，求同存异，才能实现说服的目的。

或许有人会说，如果说服失败了呢？即便如此，双方也应进行互动、交流，而不是一方面的演讲和观点灌输。

所以，想要说服对方，将自己的信息传给对方，我们不能只靠滔滔不绝地讲述，或是祈求性的要求，而应该与对方形成良好互动。生活中，我们是否有这样的经历，当你把重点放在互动沟通上，用自己的感情调动对方的情绪，将对方带进你所讲述的事件中时，对方会与你产生共鸣，说服自然就更容易成功。

李雨泽是一位职业经理人，最近进入一家新公司从事管理工作，但他发现下属是一群非常自由散漫、缺乏斗志的推销员。如此一来，如何说服员工提高工作积极性，提升工作热情，就成为第一要务。

李雨泽没有采用强迫的方式给他们规定任务量，更没有一味督促他们提高工作效率。他知道这样不仅没有丝毫效果，还会使员工产生排斥心理，让自己的工作无法顺利开展。

接下来，李雨泽召开了一次员工大会，鼓励大家说出希望他如何管理员工、目前企业有什么问题以及自己身上有什么优势和劣势。在员工说出想法的同时，他把大家的想法都一一写在黑板上。

最后，李雨泽对员工说："我会努力达到大家的要求，解决目前企业遇到的问题，然后和大家一同进步。那么，请大家思考一下，若是想要企业更好发展，我们应该努力做到哪些方面呢？"

员工开始讨论，自然提出了很多看法，比如热情、忠诚、团结、勤奋等。这次会议过后，员工果然从消极怠慢变得积极热情，充满干劲，企业也得到很好发展。

可以说，李雨泽是一位聪明的说服者，采取互动的办法，在认真询问被说服者的希望和愿望后，将他们引入一个非常自觉的状态，实现说服的目的。这种互动的好处是显而易见的，让员工参与到谈论中来，他们更容易被说服。

试想，若是李雨泽没有采取这种方式，而是在全员大会上指责员工懒惰，没有热情，然后再号召大家重新燃起热情，工作认真负责，让自己勤奋起来。恐怕他说得吐沫横飞，慷慨激昂，也无法调动员工的积极性！这是因为，他的话语是单方面的灌输，没有和被说服者保持良好的互动，更没有产生共鸣。

很多人时常抱怨：“为什么他的意见总能得到大众的支持？”“为什么我难以说服别人？”产生这种问题的关键是，这些人把说服变成一个人的独角戏，忽视了被说服者的感受和参与。如此一来，即便口才再好，再慷慨激昂，他们也难以达成好的说服效果。

虽然尚未沟通之前，任何人都不能预测这种说服互动会是什么样的结果，是否符合自己最初的期望。但是，我们必须有互动的意识。当然，互动的最主要方式就是通过提问和倾听，了解对方的想法。

老韩是一家汽车维修公司的老板，最近正在和一位客户商谈合作事宜，可客户总是无法下定决心。为了说服客户，老韩与客户进行会面。见面后，老韩没有说自己的企业如何好，也没有说自己会给客户什么优惠，而是提出自己的问题：“王先生，贵厂的情况我已经分析过了，发现你们自己维修花的钱，比雇佣我们干还要多，是这样吗？那么，你为什么不找我们呢？”

客户回答说：“对，确实是这样，我也认为自己干不太划算。不过，我承认你们的服务不错，但毕竟缺乏电子方面的知识。”

听到这里，老韩知道客户在担心什么了，于是进一步解释说：“王先生，请您允许我解释一下。我想，任何人都不是天才，修理汽车需要特殊的设备和材料，比如真空泵、钻孔机、曲轴……虽然我们缺乏电子方面的知识，但可以聘请专业人才，解决这方面的问题。您知道我们的服务是最出色的，价格方面也存在优势……”

就这样，通过一番交流，老韩解决了客户的顾虑，顺利地说服了客户。

所以，不要总想着把自己的想法硬塞进他人的脑袋，更不要觉得自己在口才上胜过对方就能说服他人。说服不是一个人的独角戏，增强互动，让对方更多地参与进来，如此说服效果才能更好。

一旦争论，说服就变成不可能

说服不是争论，更不是比谁的声音大，比谁有理。它是一种沟通，目的是为了双方达成一致的想法。一旦把说服变成争论，甚至是吵架，说服就变成不可能。这是因为，当说服变成争论，我们一定要辩个输赢。这时候，即便你争论赢了，恐怕也无法达到说服的目的，最终你还是输了。

比如，你是一家时装店的店主，当然是想说服客户买你的衣服，但是客户说："这衣服有点贵。"你不同意他的说法，争论说："这衣服才不贵呢。"接下来，你和客户针对衣服是否太贵的问题开始争吵。

最后，你赢了，客户同意你的说法"这件衣服并不贵"，可是，因为他输了，心情受到影响，不再买你的衣服。那么，你赢了争论，又有什么意义呢?

争论获得的胜利没有什么益处，反而会破坏沟通的气氛和彼此的情谊。所以，要想说服他人，就应该时刻提醒自己：不要争论，你绝对赢不了任何争论。正如美国著名科学家、政治家本杰明·富兰克林说过："如果你老是争辩、反驳，也许偶尔能获胜，但那是空洞的获胜，因为你永远得不到对方的好感。"

纵观那些高明的说服者，他们始终能保持冷静的头脑，掌控整个说服的局面，以"迎合别人的意志"及"免除反对意见"的策略来感动别人。他们对于自己的目的非常明确，那就是说服他人。只要被说服者没有触及自己的底线，他们会尝试着做某些让步，绝不和对方争论不休。

罗斯福的一些做法，就很值得我们学习。

日常工作中，罗斯福总会面对各种"挑战"自己的人，或是故意和自己作对的人。他为了避免不必要的争论，总是和颜悦色地说："亲爱的朋友，妙哉妙哉，你到这里来和我争执这个问题，真是一个妙人！但在这一点上，我们两个的见解截然不同，来讲些别的话题吧！"接下来，他会使出各种诱惑的手段，使对方放弃自己的意见，而接受他的观点。

有一次，罗斯福在新泽西州的一个小城市发表演说。当讲到妇女选举权时，他极力赞成妇女参政。此时，听众中忽然有人狂呼："上校，你五年前不是反对妇女参政吗？"

罗斯福没有与其争论，而是坦然地回答说："是的，我五年前因为学识不足，主张有错误，现在已有进步了！五年时间，地球绕太阳都转了五个圈，难道我转变一个观点还不应该吗？”

罗斯福说服了所有听众，并且赢得热烈的掌声。

罗斯福没有与听众争论，而是利用小幽默化解听众的质问，使得自己避免尴尬的局面，并且感染了听众，达到很好地说服效果。

所以，我们必须学会避免争论的说服技巧，首先让自己冷静下来，不要被负面情绪所控制。即便对方让你难堪，也尽量让对方说出自己的想法，然后一步步化解问题。其实，我们要努力让局势趋于缓和，必要时应该做出非原则性的让步。这样一来，对方就会不再固执地反对，从而使气氛缓和下来。

生活中总有很多人，往往是意气用事，一旦遇到问题，就把说服变成争论，甚至是争吵，以至于让自己陷入这样的漩涡——越说越争，越争越不服。他们不仅没有成功说服对方，反而还树立了一个敌人。

不妨看看下面的例子：

杰克在一家商务公司做业务经理。三年时间，他兢兢业业，勤奋有加，虽然没有给公司带来丰厚利润，但也小有成绩。可几年下来，老板根本没有给他涨工资的意思，这让他的心里有些不舒服。于是，他决定和老板商谈，给自己加薪。

这天，杰克做好准备，来到老板的办公室。当他说明要求后，老板不但没有同意他加薪的要求，还有撤掉他们部门的想法。一听到老板说这话，杰克立刻火冒三丈，拍着桌子喊道：

“为什么？为什么要撤掉我们部门？”

老板耐心地解释：“杰克，现在经济不好，我这么做是不得已的……”

老板还没有说完，杰克就气急败坏地说：“我们部门为公司做了这么多贡献，为什么这么对待我们？现在，你不仅不给我加薪，反而想要撤掉这个部门，实在太过分了！”“我们没有功劳，还有苦劳呢，你必须给我们加薪！”

就这样，杰克和老板争论起来，最后演变为争吵。他企图以强有力的“高嗓门”战胜老板，逼其为自己加薪，同时也保留住自己的部门。

不过，争论到最后，杰克不但没有胜利，反而输得一塌糊涂。由于他的争吵，全体员工知道了这件事情，导致企业内部人心惶惶，基本工作很难进行下去。

一个星期之后，杰克的部门被撤销，他也被解聘。事实上，只要杰克肯和老板好好交流，就能知道老板的计划：撤掉这个部门是权宜之计，虽然会裁掉少数员工，但杰克和大部分员工会留下，企业的经济状况也会慢慢好转；等到企业渡过暂时危机，杰克会升职，作为副总管理整个业务部。然而，杰克的争吵把交流的大门关上，自己也付出惨痛的代价。

说服不是争论，更不是吵架。一旦我们忘记这句话，在说服过程中，与对方争得“脸红脖子粗”，只能造成更坏的局面。

所以，在说服的时候，我们应该注意自己的态度，克制情绪。即便对方和自己意见不一致，也不应把他们当作对手或敌人，而是平等的伙伴，不是为了让他们言听计从，而是为了让他们接受对他们有利却还没能理解的东西。

以和为贵，和风细雨，这才是说服的最高境界！

第二章 说话不准备，等于射击不瞄准

说话不准备，等于射击不瞄准，导致关键时刻无话可说，给被说服者留下不好印象。所以，唯一的办法就是：开始说服前，做好充分准备——做好说服计划，了解被说服者，充分准备谈资，让自己从心情到心理再到注意力都做好准备。

任何事情离不开计划

当你真正准备开始做一件事情时，需要花费大量的时间准备，以确保万事俱备；哪怕只欠东风，也要考虑它能为你而用的可能性。你需要准备说服计划，包括对方是什么样的人，你需要运用怎样的说服战略；对方可能会提怎样的问题，你需要怎样应答；如何开口说第一句话，如何攻克对方的心理防线。

除了这些，你还需要物质准备，比如仪表，力求做到整洁大方、干净利落、庄重优雅，以便给对方留下好的印象。准备好对方的资料，若是销售方面的说服，需要准备合同、客户资料、样品等；若是演讲，必须准备好演讲稿或是演讲大纲。

事前的准备和计划，不仅可以增强你的自信心，还可以促进你随机应变，解决面临的问题。准备越充分，计划越完美，问题解决就越顺利；相反，则可能被对方打得措手不及，造成说服失败。

房地产开发商约翰·加尔布雷斯通过一次谈判认识到事前准备和计划的重要性。那次，他和儿子丹谈一笔大生意，这笔生意牵涉到他们公司一幢价值600万美元大楼的售后回租事宜。

加尔布雷斯知道，这类生意往往需要谈判者对所谈到的利率和租金了如指掌。利率波动一个小数点，就可能导致10年或20年多收或少收一大笔租金。所以，在和这家公司会谈前，他建议儿子背下那些利率幅度在3. 5%与5.5%之间的租金表。

令人没想到的是，当谈判进入最后阶段，那家公司的老板要求他们算出几个不同利率相对应的租金数额。这或许是对方临时起意，或许是故意刁难，总之他们真的遇到了这样的问题。

由于事先做了准备，丹没有借助计算器，而是毫不费力、飞快地算了出来。对于这一点，对方非常震惊，也非常满意，对他们产生良好印象。结果不言而喻，加尔布雷斯和儿子成功地说服对方，拿下这笔生意。

最后，加尔布雷斯感慨地说：“你必须做好准备，那是一切的基础。你对你的生意了解得越多越好。没有什么比你走进别人的办公室却浪费了别人的时间更无礼、更放肆的了；要是你不能回答他们的所有问题，就是在浪费他们的时间，也包括你自己的时间。”

可见，任何事情都需要准备和计划，有了好的打算，生活才不会乱七八糟；有了万全的准备，工作才能井井有条。说服同样如此。不管你多么聪明，口才多么好，如果没有一个良好的计划，也可能遭受失败。

或许有人说：“计划永远赶不上变化，为什么我还要费尽心思呢？万一对方没有按照我的计划行动呢？岂不是浪费时间？”这样的想法大错特错。虽然计划赶不上变化，但没有计划，你可能连和对方交谈的机会都没有，更别提说服对方。

没有计划和准备的人，常常说话不着边际，洋洋万言，却切不中要害。

所以，在说服之前，我们要想一想：最需要传达的是哪些信息？如何才能最简练、最有效地把这些信息传达出来，尽可能过滤不必要、重复性的信息。也就是说，你需要用最简洁、不重复的语言，表达最全面的信息，让对方能够立刻领悟到：你传达的是什么信息，信息的内容是什么。

可以说，一个好的说服者，不但要做一位出色的口才高手，还必须是一个善于计划和准备的能人。当你做了准备和计划再行动，受益最多的一定是你。

知己知彼，还愁说服失败吗

哲人说，这个世界上没有两片完全相同的树叶，但我们要说，这个世界上同样没有两片完全不一样的树叶。

同样的道理，每个人的个性、做事风格，甚至是喜好，都有很大的差异。有的人急躁，有的人细心，有的人喜欢冒险，有的人又以规避风险为信条；有的人惯于节约，有的人喜欢摆阔，有的人喜欢热闹，有的人喜欢安静。甚至是同一个人，面对不同的环境，喜好也可能会有所改变。

人与人之间，就算生活背景、职业特点、个性喜好等有诸多不同，却总会有一些共同之处。只要我们能够用心观察和了解，发现彼此的共同点，并不是难事。

这些共同点就是我们说服他人的关键。它可以作为我们交谈的切入点，拉近彼此间的距离，攻破对方的心防。这只是说服的初级阶段。随着交往的深入，共同点会越来越多，我们只要能够逐层挖掘，步步深入，就可以让说服越来越顺利、圆满。

简单来说，就是我们要做到知己知彼，找到彼此的共同点，轻松说服他人。尤其是向推销、演讲这样的说服陌生人的情况，我们更应该事先了解对方的兴趣、爱好、性格、脾气等方面的信息，以便进一步的沟通和说服。

通常情况下，一个人有过怎样的经历、追求、兴趣爱好、语言特征等，或多或少会在言行举止中呈现出来。只要我们与人交谈的时候善于仔细观察，就能够轻松地找到彼此的共同点，做到知己知彼。

悠悠是一家服装店的店长，具有很强的说服力，业务能力要比其他同事高出很多。这是因为，她总是能够通过客户的言行了解其喜好，甚至更深层的东西。

一天，一位年轻的男客户来到店里，他没有多说话，而是雷厉风行地指着一件大衣说："请把这件大衣拿给我试一下。"如果换作其他店员，根本无法从简短的话语中了解客户，从而使自己处于被动状态。

可悠悠就不一样了。她从口音听出这位客户习惯性地把"我"字说成字典里查不到的地道苏北土语。恰好悠悠有一个亲戚是苏北人，她平时能够听懂苏北话，也会说上几句。于是，她笑了一下，用苏北话应了一声。男客户感到非常惊讶，和悠悠交谈起来。

这样的行为无疑拉近彼此的距离，也给了悠悠更多了解客户的机会和时间。随后，悠悠成功说服客户买下那件大衣。不仅如此，男客户对悠悠的印象非常好，时常光顾她的生意。随着两人越来越了解，越聊越投机，还发展成了男女朋友，最后牵手走进婚姻的殿堂。

看吧！知己知彼不仅有利于我们说服他人，还能迅速拉近彼此的心理距离，增进感情。开口前，寻找交谈的突破口，尤其是说服陌生人的过程中，要仔细观察，寻找彼此在兴趣、性格、阅历等方面的共同点，并且把这些共同点连接起来，说服才会变得更加容易。

当然，做到知己知彼，不仅可以促使我们找到共同点，还可以帮助我们找到对方的心理弱点，进行针对性的说服。

我们知道，说服他人并不容易，尤其是遇到性格顽固的人，就难上加难了。如果我们不能了解对方，一个人乱说一通，恐怕费了半天功夫，到最后只能碰钉子。可是，我们能真正了解对方，知晓其心理上的弱点，就可以一击即中，实现说服目的。

这就像武侠小说中，若是想要战胜高手，就必须找到并攻击对方的软肋。只有针对软肋进行攻击，才能克敌制胜。

范·拉塞尔是一位影视公司的老板，旗下有很多著名的演员，生意做得风生水起。他手下有一名叫做皮特的技术专家，技术无人能比，但他个性固执倔强，脾气暴躁，很难接受别人的意见，就连拉塞尔的面子都不给。

拉塞尔时常因为他的倔脾气而头疼，可一次偶然的机会，拉塞尔发现了他的弱点——他的女儿。皮特谁的面子都不给，时常对着同事发脾气，甚至还会拍着桌子骂对方。可若是遇到女儿，即便他再怒火中烧，也会控制自己，笑呵呵地哄女儿开心。

拉塞尔心想，既然皮特的弱点是女儿，我为什么不在他女儿身上做文章，以此说服他呢？

说到做到，拉塞尔立即付诸行动。之前，他尝试好几次说服皮特搬家，搬到公司附近的公寓。这样一来，皮特一家的生活不仅能够得到改善，还可以避免浪费上下班的时间。但是，每次都遭到皮特的拒绝。

这一次，拉塞尔直接为他们租了一套房子，并且笑着说："你住不住，这次可由不得你。我们先去看看房子吧！"

皮特不解地说："难道你还强迫我住进去？"

拉塞尔继续说："我怎么会强迫你呢？不过，你的小公主已经同意了！"听了这话，皮特只好跟着拉塞尔去看房子。他们一到那里，皮特就看见小女儿高兴地在草地上玩耍，还对他说喜欢这里的房子。见此，皮特只好同意搬进这座房子。

看自己的说服果真见效，拉塞尔还打算劝说他改改自己的臭脾气。他语重心长地说："皮特，虽然我是你的老板，但却把你当作朋友。做为朋友，我要劝劝你，你应该控住自己的情绪和脾气！"

皮特刚要反驳，拉塞尔就阻止他说："我知道你要说什么，可是你也不想让小公主看到你发火的样子，是吧？我觉得你完全可以控制自己，只要你在和别人发火之前，想想女儿是不是不喜欢这样，或是会不会给女儿带来不好影响，这样一来，你的情绪就能得到控制。”

结果如他所料，皮特痛快地答应要控制好自己，并且真的做到了。

拉塞尔为什么能说服顽固、脾气差的皮特？很简单，就是因为他找到皮特的弱点——他的宝贝女儿。之后，他利用好这个弱点，让皮特心悦诚服地听从自己的建议。

所以，每个人都可以是强大的说服者，只要一开始就了解被说服者，做到知己知彼，然后进行针对性的说服，还愁说服失败吗？

不信的话，你可以尝试一下！

你的谈资，
足够说服别人吗

说服别人，我们需要准备足够的谈资。这就像吃饭，需要准备饭菜；想要喝水，需要准备足够的水源。

所谓谈资，就是谈话的资料、说的话题。大多数时候，我们说服别人的过程，其实就是一场谈话或者聊天，说服需要用话题来做支撑。一旦没有话题，两个人只是干瘪地坐着，就算坐上十年，你也不可能说服别人。相反，如果我们能够准备好合适的话题，就可以让双方顺利地打开话匣子，为深入说服赢得机会。

所以在说服过程中，谈资真的很重要，它是我们进行“说服战”的弹药。我们必须准备充分，才能保证自己在战斗中不处于被动地位。

有这样一个女孩子，就叫她小琴吧。她长相普通，高中毕业就来到大城市打工，成为一家汽车销售公司的销售员。刚开始，她在这个城市里没有一个熟人，想要做出业绩非常困难。

经过几年的打拼，小琴终于获得成功，成为公司的金牌销售员，业绩一直处于第一的位置。很多人疑惑：是不是这个女孩子长得很漂亮？一般漂亮的女孩子做销售比较有优势。有这样想法的人，都有些鄙视心理，认为小琴就是靠姿色才获得了成功。

可小琴知道，她是靠自己的努力和拼搏才做出今天的成绩。虽然她学历低，但聪明好学，积极进取。她知道，若是想要说服客户，就必须能和客户“说上话”，有话题聊。为了找话题和谈资，她每天晚上都看新闻联播，了解国家大事，包括国家政策、国内国际等重要事件。虽然这些东西与销售关系不大，但却能增长自己的见识，成为与客户交谈的话题。事实上，这些内容也确实成了她的谈资，为她和客户的交流起到非常重要的作用。

同时，她还买了汽车方面的书刊，了解关于汽车的更多知识。她关注体育新闻和娱乐新闻，能够做到和男性客户谈足球、NBA，和女性客户谈娱乐八卦、电影电视。她考下驾驶证，参加车友俱乐部，平时也和车友聊天。就是因为她不断学习，不断积累足够的谈资，才能和什么样的客户都谈得来，提高说服客户的成功率。

一次全体员工的交流大会上，她说出自己的故事，然后真诚地对大家说：“谈资是我们说服客户的重要武器。我想问问大家，你们有足够的谈资吗？如果没有，就不要埋怨客户太固执，是你们自己缺少引起客户兴趣的谈资！”

没错，做为一个说服者，如果你没有足够的谈资，就不可能成为一个说服高手。在说服过程中，我们需要应付很多问题，如果准备不充分，就会被对方问得哑口无言。这样一来，我们的说服不仅威力大减，还可能给对方留下不好的印象。试想，你都被对方问得无话可说，又怎能说服对方呢？即便你口才好，能够适当地转移话题，也很可能使说服质量大打折扣。

所以，唯一的办法就是：在说服之前，充分准备谈资。我们要像准备弹药一样，让自己的谈资丰富起来，不至于在谈话时断了链子。

我们如何准备谈资呢？如何让自己的谈资丰富起来呢？

其实，大多谈资是在长期积累的过程中得来的，我们需要养成积累话题和谈资的好习惯。获取谈资的方式很多，就像故事中的小琴一样，可以多看电视、书刊，也可以多参加有意义的活动，与有经验、有知识的人交谈。

除了长期积累，我们还可以针对说服对象进行准备。比如，你今天要说服一位事业有成的男士，就应该关注他的兴趣爱好，尽可能准备他感兴趣的话题。只要我们找到对味的话题，谈话就会顺利很多，说服就会容易很多。

每个人感兴趣的话题往往是他们最喜欢谈及的事情，他们所看过的书，所关注的时尚产品，喜欢的运动、崇拜的人物，他们的职业、家庭等。

注意的是，我们准备谈资时，一定要充分了解对方的喜好、个人情况，必须从对方角度出发，不能主观臆断，为了找话题而找话题。否则，很可能“哪壶不开提哪壶”，得罪对方而不自知。

孙敏是一家私企的秘书，一次和总经理参加合作企业的舞会。总经理对她说，对方老总的妻子也会参加酒会，你的任务就是照顾好她，和她聊天、沟通，为进一步的项目深度合作打好基础。

孙敏做了一些功课，了解了那位夫人的年龄、爱好、性格。由于两人年纪相仿，两人很快就聊起来。为了快速拉近距离，孙敏一开始特意避免业务方面的敏感话题，聊起生活上的一些事情。

后来，孙敏谈到自己还不到一岁的孩子，从带孩子又上班的辛苦说到孩子逐渐长大给自己带来的感悟和欢乐。因为深有体会，孙敏打开话匣子，没有注意到对方的神情有了微妙的变化，聊天回应也开始变得有一搭没一搭……

接着，孙敏客气地问道：“夫人，您也有孩子了吧？多大年纪了？”

结果，对方脸色大变，冷冰冰地回了一句：“不好意思，有事失陪一下。”然后起身就走了，一整晚都没有再和孙敏说话。

事后，孙敏才知道，这位夫人刚流掉孩子，而且很可能无法再怀孕。这让孙敏异常震惊，知道自己说错了话。试想，若是孙敏能够准备充分，真正了解对方的实际情况，怎会犯这么大的错？

好在这次失误没有影响两家合作，否则孙敏很难逃脱被辞退的命运。

从这个故事可以得知，说服前不仅要准备谈资，还应该充分了解对方，避免谈及不合时宜的话题。同时，谈资应该避免谈及私事，尤其是对方的隐私。

总之，想要说服对方，我们必须准备充足的谈资，然后把自己的谈资梳理一次。当我们的谈资越充足、合理，就能拥有越多的主动权，从而顺利地说服对方。

说服他人，你的底气在哪里

很多时候，人们会出现一些软肋，如悲观、失望、消极，当然还有开心、激动、积极等。没错，很多时候，开心等心理状态也是人们的软肋。想想看，如果能知道说服对象心中正喜悦无限，对于你的说服计划，是不是更有帮助呢？

简单来说，被说服者的心理状态对说服结果有重要的影响。相反，说服者的心理状态也影响着说服的成败。

对说服者来说，若是在说服他人之前没有做好心理建设，出现悲观、消极的情绪，就无法充满信心，使得说服失去底气和威力。若是你过于开心，觉得说服已不是问题，就可能产生轻敌情绪，从而导致说服以失败告终。

当然，说服者最容易产生的心理还是恐惧、犹豫，这会让他怯场，对自己没有信心。尤其是面对强势的对手，说服者会怀疑自己：我能说服对方吗？我会不会漏词、忘表情？我的观点能立住脚吗？如果对方反驳我，我应该怎样应对？

当说服者产生这样的想法，就会变得底气不足，越来越恐惧。心理越恐惧，说服者就越没有信心，底气就越不足，从而陷入一种死循环。唯一的办法就是克服恐惧心理，让自己变得不再胆怯和自信。

不妨看看贝特格的故事吧！贝特格是最伟大的销售大师之一，也是最著名的演讲学家，他的说服力和感染力都是非常强大的。可他也曾经胆怯过，不敢理直气壮地表达自己的观点。当时，他刚刚从事推销工作，收入相当微薄，为了维持日常生活，不得不兼职担任史瓦莫尔大学棒球队的教练。

有一天，他突然收到一封邀请函，邀请他演讲有关“生活、人格、运动员精神”的题目，可是当时他面对一个人说话时都无法表达清楚，更别说说服一百位听众了。他知道，自己只有先克服和陌生人说话时的胆怯与恐惧，才能让自己的演讲更有感染力，说出的话更有底气。

于是，他立即向一个社团组织求教，努力克服内心的恐惧和胆怯。经过一定的心理准备，贝特格自信满满地站在演讲台上，慷慨激昂、真诚地讲述自己的观点，这次演讲获得了空前的成功。

因此，我们若想提升说服能力，就必须做好心理准备，摒除恐惧、不自信等消极心理，重建自信、积极的心理。那么，如何进行心理准备呢?

首先，我们应该进行自我调节，为自己勾画美好画面，不妨对自己说：“这没什么可怕的，只要我准备充分，就可以解决一切问题。”“对方也是普通人，虽然有些固执，但我能找到他的软肋、兴趣点，这样一来，说服就不成问题。”

还可以对自己说：“不管是对方还是我自己，双方都希望达到一个共同目标，本来就不是对立的南北两极。所以，我没有必要产生排斥心理。”“只要我不排斥对方，对方也就没有戒备心了！”其实，只要我们能消除消极暗示，通过积极暗示（如不害怕）来激励自己，就可以强化内心，做好心理建设。

当然，恐惧心理不可能完全清除，尤其是第一次说服他人或陌生人的时候，这种恐惧心理会更加强烈。这时若是不能战胜恐惧心理，就应该勇敢面对。当你真正直面自己的消极心理时，就会变得勇敢，从而让自己更有底气。

总之，一个好的说服者，必须有较强的把握能力，不仅把握对方的心理状态，更能协调自己的心理，不管是紧张还是激动，是悲观失望还是积极向上。只有做好充分的心理准备，就可以赢得说服的胜利。

只需三秒钟，就可以分析说服对象

想要说服更有力，我们需要循序渐进，毕竟“罗马不是一天建成的”，没有什么办法能够一下子搞定自己要说服的对象。

我们需要从基础开始，了解自己将要说服的对象，这对说服结果起到关键作用。那么，了解说服对方的关键是什么？对一个说服高手来说，关键就是分析被说服者。

事实上，在绝大多数的说服中，我们没有什么时间做“战前准备”。想想看：领导突然交给你一个难以完成的任务，你需要准备三天，然后再去说服他改变主意吗？同事突然告诉你他想要辞职，你能先准备五天让他留下来的材料，然后再开始试图挽留他吗？客户突然来访，你还要花半天收集客户的资料，练习如何说服客户购买自己的东西吗？

所以，我们需要在短时间内分析说服对方，然后根据自己的分析进行下一步的说服。而且，这个时间不多，通常只有三秒钟。你只有三秒钟去分析你要说服的对象。这三秒实际上是一场硬仗，打得好坏与否，将直接影响接下来“战斗”的结果。

我们需要快速做一个定位，简单来说就是分析对方的身份、你与对方之间的关系。你是谁？你和对方是什么关系？你应该说什么？对方为什么相信你？只有短时间内分析出这些问题的答案，然后进行有计划、有逻辑的交流，才能为之后的进一步说服打好基础。

不妨看看这个事例。

方刚是一位13岁男孩的父亲，这个孩子很聪明，就是有些淘气，不好好学习。之前还算听话，父母适当地批评几句，他便可以改正缺点。可进入6年级，孩子开始叛逆起来，时常和父母作对，上课不认真听讲，不能按时完成作业。

一次考试中，孩子竟然所有科目都不及格，英语还考出50多分的成绩。在小升初这个关键时刻，父亲不能让孩子这样放任下去，必须说服他好好学习，把精力都花在学习上。接下来，方刚是怎样做的呢？

他迅速地给予自己和孩子定位，不再以“严父”的身份与孩子交流，也不把孩子定位为“不听话的孩子”。他知道，越是如此，孩子就越叛逆，无法听进自己的“说教”。更重要的是，逆反心理还可能导致孩子更加厌恶学习，破罐子破摔。

他把自己定位为孩子的朋友，彼此平等沟通、交流。他心平气和地说："孩子，你真的想继续这样下去吗？今天，我不是爸爸，你也不是孩子，你已经13岁了，是个小男子汉，我们不如用男子汉的方式来交流一下。"

听方刚这样说，孩子的态度好像有些软化，不再像以往那样排斥。方刚见此，趁热打铁地说："你可以说说自己的内心想法，为什么不愿意学习？是不是对我们有意见？""其实，我们也反省过了，之前对你太严厉了，没有尊重你的意见。现在，你是小男子汉，我们会改变说话方式。""但是你也要懂得为自己负责，知道什么该做什么不该做，而不是为了和父母作对，故意放任……"

就这样，由于方刚迅速重新定位，把自己的身份定位为孩子的朋友，把两者间的关系定位为"一场朋友间的对话"，敞开心扉和孩子沟通，化解了孩子的叛逆心理和戒备心理。接下来，孩子说出自己的不满和想法，方刚耐心倾听，说服效果非常好。

同时，方刚把孩子定位为"小男子汉""不是孩子了"，促使孩子用成熟的方式解决问题，而不是继续和父母闹别捏、对着干。

最后，在方刚、妻子和孩子的共同努力下，孩子终于改正缺点，并在升学考试中取得不错的成绩。试想，若是方刚没有正确定位，依旧将自己定位为高高在上的父亲，把孩子定位为"淘气""必须听话"的受教育者，他的说服不仅没有任何效果，反而还会引起父子间的"战争"。

所谓身份，不外乎有两个方面，即你的身份和说服对象的身份，是你和他或者他们间的关系。这个定位看似简单，但把握起来却不见得非常容易。这个定位并非一成不变，它会随着环境的不同而改变。

比如，你是一个业务员，如何说服客户买自己的产品？见到客户时，你要第一时间根据所掌握的资料，给客户做一个定位。如果你发觉客户可能对产品不感兴趣，可以用朋友的身份同客户交流；如果你发现客户对产品的实用性更关注，可以用专家的身份向客户介绍这款产品的好处……

也就是说，在和说服对象交流之前，你一定要根据自己掌握的信息，迅速做出判断，给出一个定位，而不是千篇一律，永远站在同一位置。业务员如果永远只站在卖东西的位置上，将很难说服客户。

同时，在弄明白身份和关系之后，我们还应该站在对方的角度考虑问题，确保说出的话语符合自己的身份，不要盛气凌人，更不要喧宾夺主。如此，我们地说服才有更大的成功概率，否则就会使别人不舒服，影响说服效果。

一位知名导演分享过自己的亲身经历：

当年，他还是一个不知名的小编剧，但对电影非常喜欢，也有自己独特的见解，经常向导演提意见。他发现，导演从来不会采纳自己的意见。一次他刚要说话，导演就生气地说：“你不过就是个小编剧，哪那么多废话？要不，我不拍了，你来拍。”他立即吓得不敢说话。

经过一段时间的反思，他找到问题之所在，自己忽视了和导演的身份关系，说出不应该说的话。他回想自己和导演说话的开场白："X导，我觉得这个镜头应该这样拍……"这明显有命令、指导的含义，导演怎能接受呢？

之后，他改变说话的方式，以这样的话语开头："X导，您好，您看看这个镜头这样拍好不好？还是这样拍更好呢……"结果，导演的态度发生转变，开始和他一起讨论剧情，讨论如何运镜……他经过长时间的努力学习，终于成为一位著名导演。

所以，想要说服更有效果，我们就应该事先分析被说服者，快速确定身份和关系，然后有计划地说服。当你做到这些，说出来的话自然更有份量。

第三章 先利其器，让你的话语更具说服力

说服需要用语言来做支撑，但也缺少不了必要的工具。说服他人的过程中，若是能利用有效的工具，比如PPT、数据、表格、小道具等，便可以锦上添花、事半功倍，让我们的话语更具说服力。如此，何乐而不为呢？

借助PPT来说服，让你的PPT会说话

PPT作为一种常用工具，在我们说服他人的过程中，尤其是商务谈判中，发挥着越来越重要的作用。

与单纯的话语、其他资料相比，PPT更简洁明了，能直白地给说服对象传递很多信息。很多时候，我们滔滔不绝地讲上30分钟，恐怕也难以让对方了解我们的思路和重点，但一个直观的PPT就可以轻松做到。

比如，你正想要说服客户投资你的项目，而竞争者颇多，实力都和你接近。对手准备了很多资料，滔滔不绝地讲述着，若是你能在客户前做一个PPT演示，用几分钟时间阐明自己项目的优势、盈利点、发展前景，就可以在竞争对手中脱颖而出，提高说服成功率。

我们知道，老板永远不会有太多的时间听我们唠叨，客户也不会有足够的耐心听我们的长篇大论。这个时候，只有PPT，它就像一幅意趣盎然的画，让我们的沟通对象愿意看，并且容易看懂。

可以说，PPT是一个工具，是沟通、展示自己思维优势的一个非常好的工具。若是我们能够利用图片、幻灯片，把自己的思想融入其中，就可以使自己占据优势。

但我们也应该避免陷入使用PPT的误区，不妨看看下面这个例子：

张明是一家公司的销售人员，最近正与某客户商讨合作事宜，但双方在价格上存在分歧。说服客户前，他调查了各种数据，也做了大量的准备工作，然后制作出一套PPT汇报材料，每张PPT上都有一个十分清晰的结论。

可在与客户沟通时，他却没有直接得出结论，而是滔滔不绝地讲自己如何搜集资料，为什么会得出这样的结论。而且，他的结论很笼统，没有体现表格的重点内容。——“我最近留意了一下原材料的价格，发现很多原料涨价很厉害。”“最近物流公司也打来电话，要求我们在运费上能够提价，还有我们的竞争品牌XXX最近也开始涨价……”“对了，我们在广告上也下了功夫，加大了宣传空间。”

显然，张明对于PPT的运用并没有恰到好处，只是单纯地将自己的所看和所想呈现出来，并且没有逻辑思维性。结果，他的说服失败了。

为此，张明请教了一位同事——他的业绩非常出色，不论什么客户都能说服。同事了解了具体情况，又看了他的PPT，然后说："一个好的PPT，不仅要讲出自己的逻辑，而且要让别人'看'到自己的逻辑，这样才能具备强大的说服力。所以，你的结论应该突出重点，让客户看到货真价实的好处；你的阐述要严谨，避免说些没有价值的东西。要知道，客户没有时间听你分析，这会让他们感到厌烦和无聊。"

听了同事的建议，张明立即修改了PPT，并且根据内容准备说服策略。之后，他做出的PPT是这样的：我认为我们需要把定价提升20%，之所以这样做是基于以下几点原因：第一，原材料最近涨价30%，物流成本也开始上涨。第二，竞争品牌全部调价10%—20%，我们应该跟进。第三，广告费超标，我们在XX平台做了广告，费用为XX，这使我们的产品增加了成本……而且，张明的阐述更有逻辑性和条理性。他围绕结论进行分析，说明需要调价的必要性。

显而易见，这次的PPT比上次更有说服力，不仅结论清晰，而且有理有据。更重要的是，张明让自己严谨的逻辑思维完全体现在PPT上，让客户一目了然。

很多人容易陷入这样的误区，他们把PPT 当作WORD文档，每张都堆满内容，123条，ABC小项，不仅客户看着累，自己都无法找到重点，不知道该说什么不该说什么。

试想，若是把PPT 做成WORD，堆积那么多内容，对方还费力听你阐述做什么？直接翻看资料，岂不是更好？

所以，我们要站在说服对象的角度设计自己的PPT。PPT中不要提供过量的信息，信息量越大，听众能记住的东西就越少。此外，要清楚听众希望看到什么，而不是总想着自己要说明什么。

另外，很多人制作PPT时过于注重形式，而忽视了内容。比如，过于注重音乐和图片，而文字方面有欠缺；幻灯片过于华丽、花哨，让人看着眼晕目眩。这样的PPT就有点舍本逐末，根本无法起到很好的说服作用。真正有说服力的PPT，研究材料上要注重逻辑上的严谨性，重点内容要突出，形式要简单、简洁。

总之，我们要借助PPT说服对方，提升制作PPT 的能力，不堆砌和炫耀技巧，不模仿他人的风格，制作出有逻辑性的PPT，如此，说服的成功率才能大大提高。

数据是你最不能忽视的

很多时候，当我们想要说服一个人，总会产生一种疑问：我明明已经将基本信息传达给了对方，而且这些信息非常准确，没有夸张的成分，为什么对方还持有怀疑态度？他们在担心什么？

其实，这是因为我们的阐述中缺少精确数据，不足以让对方完全信服。比如，很多人说服客户购买产品时，通常会这样说："我们的产品很耐用，可以保证长时间使用。""我们的生产工序复杂，最大限度保证生产安全。"

没错，你是说出了产品的优势，强调了产品的特点，但是这样笼统的话，太没有说服力了。不管你怎么说，对方都以为你是在夸夸其谈、老王卖瓜。可若是改变一种方式，增加准确、详细的数据，效果就会明显不一样。

你可以说："实验证明，我们公司的产品可以连续使用4万个小时而无质量问题。""我们公司生产的所有儿童食品都经过

12道严格的工序。此外，在质量监督机构检查以前，我们公司内部已经进行了5次严格的内部卫生检查。”“我们的产品非常受欢迎，到今年5月累计用户已经突破5000万，且消费者满意度高达90%”……这样一来，说服是不是更有力度，更能让对方信服？

数据是记忆的重点笔记。巧妙地运用数据进行说服，往往能够让说服对象信服。其实，这是一种极强的说服手段。所以，说服过程中，我们应该巧妙地利用数据，不仅可以使你的陈述更准确，更有逻辑性，还可以用最直白的方式让对方打消顾虑。

对于说服者和被说服者来说，信任永远是最需要解决的问题。若是说服者不能让被说服者真正信任自己，即便费再大力气，说多少话都是无济于事。虽然说赢得信任的方式有很多，但详尽、精确的数据却是最有效、最直接的。

1922年，来自纽约的一位女国会议员贝拉·伯朱格进行了一次演讲，呼吁女性应该在政治生活中赢得平等的地位。

演讲中，她说：“几个星期前，我在国会倾听总统对全国人民发表讲话。在我周围落座的大约有700人。我听到总统说：‘这里云集了美国政府的全体成员和内阁成员。’我环顾周围，发现这700多名政府要员中，只有12人是女性；435名众议员中，只有11人是女性；内阁人员中没有女性；最高法院中也没有女性。”

她的演讲，赢得公众的认可。

这就是数据的力量。贝拉列出详尽的数据，并且用几个数据进行对比，直接证明了自己的观点——女性在政治生活中的地位并不平等。显然，这比她滔滔不绝的讲述更能让被说服者信服，从而赞同她的观念，支持她的主张。

不妨再看看这个事例：

大强陪朋友去买车。朋友看中一辆丰田凯美瑞，便询问销售人员这车的性能如何。这位销售人员是这样介绍的——“先生，您可真有眼光，这辆丰田凯美瑞连续几年都是销量冠军，卖得特别好，耗油量适中，特别适合中产阶级购买……”

销售人员滔滔不绝地介绍了好几分钟，大刚和朋友却皱起眉头。他虽然说了很多，不断地夸这辆汽车如何好，如何受欢迎，却缺少准确的数据。连续几年都是销量冠军——到底是连续几年，销售量是多少，耗油量适中——耗油量究竟是多少？排量是多少？

由于这位销售员没有说清楚这些问题，使得大刚和朋友无法真正了解汽车性能，更无法对他的话产生信服感。所以，他的这些话语，实际上等于什么都没说。

大刚和朋友的热情立即退了下来，离开这家店。另外一家的销售人员就专业多了，他是这样介绍的：“这辆凯美瑞在b级车里可以说是销量冠军，排量2.0，耗油量为百公里8.61升，特别适合城市交通。4缸自然吸气，在噪音控制上表现得非常完美……”

简单的几句话，就让大刚和朋友了解了这辆车的全部信息，痛快地交了款。

所以，要想说服他人，除了言语外，千万不能忽视数据。

当然，列举数据时，一定要注意数据的精准性，不能用“大概400名”“30多人”这样的词语。模模糊糊的大约数会减弱数据的作用，让对方觉得你是在应付和忽悠。同时，如果能用小数点以后的两位数字说明问题，就尽可能不用整数。

我们还应该知道，数据虽然可以直接说明一些问题，让说服更可信，但也不能随便滥用。一旦我们没有把握住这个度，滥用数据，就会让对方感到混乱，听得云里雾绕。太多的数据也可能让对方摸不清重点，不知道你想要突出什么。

所以，运用数据时，一定要适可而止，在适当的时候、适当的地方进行数据说明。这样一来，才能达到预期目的。

某家电企业生产出一种质量很好的洗衣机。这种洗衣机得到了一个认证，即5000次无故障运行。为了让这种新式的洗衣机迅速占领市场，厂家想出一个绝妙的宣传方法。

他没有用其他参数作为宣传的主要卖点，而是在一条繁华大街的黄金地段租了一个小亭子，将研发的洗衣机放在小亭子里供人们参观。这台洗衣机一直处于启动状态，完全公开地接受群众监督。

结果，这台洗衣机迅速引起人们的关注。在它连续无故障运转5000次以后，洗衣机的厂家赢得人们的信任，迅速成为消费者心目中可依赖的产品。

我们知道，一台洗衣机可以有很多数据，但并不是所有数据都是重要的，也未必是消费者关注的。消费者关注它的使用寿命，所以企业对所有数据进行一次“筛选”，最后只突出5000次无故障运行这一重点。正因如此，他们的宣传才起到更好的效果。

在运用数据时，我们还需要注意以下几点，那就是必须保证说服时使用数据的真实性。一旦说服者本身使用的数据不够真实，数据就失去了它原本的意义。

最严重的是，一旦让对方发现这些数据是虚假或者错误的，他们就会认定说服者在欺骗和愚弄自己，从而导致说服地彻底失败。

数据不是一成不变的。在列举数据的过程中，我们需要根据实际情况，不断更新数据储备，如此才能让自己的数据更有说服力。

现在，我们已经进入一个全新的数据时代，数据已经变得越来越重要。作为说服高手，千万不能忽视数据的关键性，正确地运用数据，并且保证其精确性、真实性，才能让我们的话语更有力量和可信度。

“专家都说这个好！”权威的影响力不用白不用

世界航海史上，麦哲伦的名字是不得不提的。

当时，哥伦布在航海上取得了巨大的成功，催生了许多投机者，甚至是骗子进入王宫寻求国王的资助。

很不巧，麦哲伦在当时不得不和那些人混在一起。那样的人，显然很难得到国王的资助，但是麦哲伦却想出一个很好的办法。为了表明自己与这些人不一样，他采取了一个特别的策略。他在觐见国王的时候，特意邀请当时著名的地理学家帕雷伊洛一同前往。

与其他寻求帮助者的夸夸其谈有所不同，帕雷伊洛将地球仪摆在国王面前，开始历数麦哲伦进行航海的必要性以及航海后的种种好处。在这位著名地理学家的帮助下，国王决定赞助麦哲伦进行环球航行。

事实上，当麦哲伦等人结束航行归来以后，人们发现了他对于世界地理的错误认识，甚至他所计算的经度和纬度也有着诸多偏差。但是，这些都已经无关紧要了。

为什么麦哲伦能够获得西班牙国王的赞助，就是因为他巧妙地利用了权威人物——著名地理学家帕雷伊洛。作为地理学家，帕雷伊洛的一句话要比麦哲伦的一百句甚至一万句话更有力量、更可信。所以，麦哲伦轻松地说服西班牙国王，完成自己梦寐以求的事业。

这种现象在我们的生活中时常发生：一本书或许只是出自一个默默无闻的年轻作家之手，但有知名作家、媒体著名评论员的推荐和好评，这本书的销路一般不会差到哪里；有些人生病了，宁愿排几个月，或是托关系、花大笔钱，也要想办法找专家、教授、权威来诊治；我们写文章的时候，喜欢引用名人名言，比如阐述某个论点时，通常会标上“鲁迅说”“柏拉图认为”……

其实，这在心理学中，被称为权威效应。权威效应又被称为权威暗示效应，指的是一个人如果地位高、有威望，他说的话和做的事就容易引起别人重视。这种心理现象完全可以用于说服他人的过程中。只要我们能够巧妙地利用权威专家，让他们说出自己想说的话，就可以轻松赢得对方的信任，实现说服他人的目的。

这是因为，每个人都有一种“安全心理”，即人们总是认为权威人物是正确的。服从权威，可以带来一种安全感，减少自己出错的概率。在被说服的过程中，也是如此。人们一旦听到“权威”或者“一流”的字眼时，总会本能地产生一种信任感。

正因如此，绝大部分人在说服他人的时候都会搬出专业人士、权威、专家来帮助自己。

小付是一家苹果手机店的店主，也是苹果公司创始人史蒂夫·乔布斯的铁杆粉丝，他认为乔布斯真正改变了时代，改变了人们的生活。

他不仅热衷于苹果的产品，如手机、电脑，其他的创新科技产品，包括做成乌云的吊灯、无人机、VR设备，还对乔布斯的名言熟记于心。每次遇到来店里买东西的“果粉”，他都能与对方侃侃而言，从乔布斯的创新精神到苹果产品的独特性，再到乔布斯的经典语录。

当然，他的店里除了苹果产品，还会一些有创意的小玩意。一次，他的店里来了一个客户，看中一件新奇玩意，那是一个圆球形状的设备，设计非常新颖。音响采用磁悬浮技术，圆球不是放在底座上，而是漂浮在底座上空。

客户对它非常感兴趣，可又有些犹豫不决，觉得它只是新奇，没有什么实用价值。通过和客户的交谈，小付知道他也是“果粉”，于是便打算用偶像的力量说服对方。

小付笑着说：“这件产品虽然实用价值不高，价格也有些小贵，但胜在创意。我们的生活不仅仅是为了实用，更应该注重心情、格调以及它给我们带来的享受。乔布斯说过，好的产品，在出售给客户的时候，出售的并不是产品本身，而是梦想。你不觉得，这款过去从未出现过的音响就是梦想吗？”

听了小付的话，那位客户终于下定决心，买下这款创意产品。

可见，在说服中，我们应该好好把握人们的这种心理，多引用专业人士的说法，或是让权威为自己说话，以期增加自己说服的权威效应。

事实上，很多掌握说服技巧的人，都是这样做的。很多高超的销售人员在说服客户时，喜欢提到权威人士：“你们工厂的经理也买我们的产品。”这样一来，大家会想：“经理那么精明能干，都买这一款产品，看来这种产品不错，买吧。”还有的销售人员会说：“我们的产品是经过专家鉴定的”“XX专家是我们的企业顾问”……

当然，利用专家和权威也不是那么简单的，随心所欲地利用权威，必然起不到好的效果。如果碰到较真的客户，反而会有负面效果，遭到客户的质疑。

利用专家和权威的影响力时，不要牵强附会、生搬硬套，如果过于牵强附会，你说服对方的意图就非常明显，不仅无法令对方信服，还可能给人一种强词夺理的感觉。

同时，尽量不要使用过于被人熟知的专家和权威。越是被人熟知，权威性就越减弱，还可能成为双方的争执点。同一句话，你有你的理解，对方也有自己的理解，一旦产生分歧，就会引起不必要的麻烦。如果你与对方争执，就可能演变为争吵，影响沟通；如果你承认是自己理解错了，你在客户心目中的可信度就要再下一个台阶，对说服产生负面影响。

总之，说服他人的时候，不妨多利用专家和权威的影响力，最好让权威说出你想说的话。但也应该记住，不要滥用权威，更不能打着权威的旗号哄骗对方，如此一来，说服的成功率才能大大提升。

简单实用的表格帮你更省力

很多东西，不是越多越好。语言也是如此，在说服过程中，不是我们说得越多，对方就越容易被说服。冗长无趣的语言，远不如抓住要害的一句话效果大。大部分情况下，话太多会让人感到厌烦，觉得说服者没有重点、太啰嗦，感觉说服者在浪费自己的时间。

某杂志社发起一项活动，即面向全国征集“一封写给母亲最短的信”。超出预期的是，这个活动引起巨大反响，杂志社收到来自全国各地的信件。其中，不少是令人感动的、非常精彩的信件。

后来，杂志社认真挑选这些短小的信件，编辑成册发行。书一出版，就获得广泛好评，畅销一时。

可见，最有效的说服通常是简短的，用简单的语言描绘一件复杂的事情，或是说明深刻的道理。但大部分人却不知道如何用简单的语言描绘复杂的事情、深刻的道理，这时我们可以利用工具，如PPT、数据，表格都是不错的选择。

或许很多人认为表格的利用率比较低，不便操作，但事实上，一份高质量的表格，能够极大地节省办事成本。若是我们能够把自己想说的话，利用表格形式简明扼要地归纳、总结，然后再表现出来，其效果要比详细的阐述往往更加有效。

某企业的销售部经理正在汇报上半年的销售业绩，他拿来一大摞资料，然后滔滔不绝地讲起来。

"我先概括一下上半年的销售形势，正如您所了解的那样，去年与我们竞争的那家公司已经在东部地区展开强有力的销售活动。我们东部分公司的业务人员急剧减少，再加上消费需求现在越发疲软……"

"我们的销售情况并不乐观，虽然组织了几次大型促销活动，但效果并不明显。前三个月的销售情况一直不理想，到了四月才有好转……"

销售经理的汇报啰嗦、冗长，数据繁多，让人眼花缭乱。听了一会儿，总经理的脸色已经很难看，他不耐烦地说："你说了半天，我也没明白我们公司的销售业绩究竟如何，为什么你不能把具体数据直接展现给我呢？难道你觉得我有时间听你高谈阔论，有精力看你的资料、数据吗？"

销售经理不知所措，不知道如何回答总经理的问题。

接着，总经理说道："其实，你只需用一张表格把具体数据展示出来就好了。我需要问你原因的时候，你再这样详细解释也不迟！”

销售经理的汇报有问题吗？一点问题也没有！他所说的，全部是实情。但这次汇报是成功的吗？他能说服总经理吗？答案显然是否定的。他失败的原因很简单，那就是把一些可以用表格清晰说明的数字复杂化了。

销售经理承认了错误，对汇报内容进行调整和改变。这一次，他运用表格把需要阐述的问题一项项展示出来，然后列出详细的数据。比如，1—6月每个月的销售额是多少，前半年的总计是多少，同比上升或下降多少，后一个月比前一个月上升或下降多少，竞争对手的销售数据是多少……

这样一来，总经理就可以一目了然地掌握公司销售情况以及具体走势，就更容易接受他的观点了。

所以，想要提升说服力，我们应该学会把事情变得简单而清晰，学会用表格形式展现我们想要说的。当然，运用表格并不是那么简单，需要让表格标准、规范、生动、有逻辑性，才能增强其说服力。

这是因为不是所有的人，都能够从枯燥的数字中看到某种规律。我们要让表格成为增强自己说服力的利器，就不能随心所欲地设计表格和输入数据，而是需要体现每个项目的具体数目以及不同项目数据的比较，这样表格才有一目了然的效果。

同时，表格的标题、单元格也要规范、标准，不要出现多行标题、多列标题，不同类型的数据放在一个单元格等情况。对于数据的分析要准确、全面、真实，不能模棱两可，更不能出现错误。

在表格本身规范的前提下，我们需要利用相关工具把自己想要展现的重点展现出来。比如，使用条件格式，把特殊的数据动态标识出来，进行动态跟踪分析；使用自定义的数字格式，快速了解跟踪超预期的数字等。

总之，表格是最重要的工具之一，需要巧妙利用，以便在“说服战”中轻松获得胜利。

借助身边的小物件，关键在于一个“巧”

说服过程中，我们可以运用各种技巧说服他人，就是无法把自己的观点强行灌输给对方。如果对方固持己见，不肯接受我们的意见，我们就没有任何办法了吗？当然不是！

说服一个人不是一件容易的事情，它是说服者能力的综合体现。这种能力不仅表现在个人修养上，还表现在随机应变的能力上。若是一时找不到说服对方的突破口，我们也不要着急，开动脑筋，巧妙地利用身边的小物件，就是不错的选择。

很多高超的说服者善于利用小道具、小物件，哥伦布就是其中一个。

哥伦布发现新大陆回到欧洲以后，在欧洲引起非常强烈反响。一时间，哥伦布受到众人敬仰，就连西班牙王室都对他礼遇有加。可是，有些贵族却不这样认为，他们看不起哥伦布，更认为哥伦布的发现纯属一种偶然。

一次宴会上，贵族们嘲讽地说："哥伦布，你发现新大陆只是运气。如果能够得到王室的支持，有大批的船队，任何人都能够做到。"

哥伦布知道这些贵族存在偏见，自己根本没有办法说服他们，所以并没有与其争论。他看到餐桌上的鸡蛋，灵机一动，顺手拿起一个鸡蛋，说道："各位，谁能够想办法把这颗鸡蛋立在桌子上呢？"贵族们尝试了多次，可是没有谁能够做到，并且断言一颗鸡蛋是无法平稳地站在桌子上的。

哥伦布没有说话，而是笑着拿起鸡蛋，在桌子上轻轻地磕了一下，鸡蛋就稳稳地立住了。这时候，贵族看到哥伦布这样做又感到不以为然，说："若是用这样的方法，谁不能做到呢？这没有什么了不起的。"

听了这话，哥伦布笑着说："你们现在能做到确实不假，但问题是在我这样做之前，谁也没有想出这样做的办法，是不是？"

哥伦布利用身边的一颗鸡蛋做巧妙的比喻，然后又借用对方的语言，轻易地就将对方说服了。这就是善于利用身边的小物品的力量。

借助一些小物品，用行动语言来阐述自己的观点，比任何话语都具有说服力。它不仅把一些道理说得更加生动和具体，也更加形象和清楚，更重要的是，这可以避免说太多的空话。

《荀子·劝学》中说："君子生非异也，善假于物也。"意思非常简单，就是说君子之所以高于一般人，是因为他善于利用外物。善于利用已有条件，是君子成功的一个重要途径。在说服过程中，也是如此。聪明的说服者善于观察和动脑，能够巧妙地利用身边的小物件，让它帮助自己说服对方。

比如，有经验的销售人员，在拜访客户的时候，通常会准备一些小道具，如打火机、雨伞、手帕、笔记本等。这些小道具可以帮助我们应付突发状况，给对方留下良好印象。与特意准备的这些小道具相比，随意发现的小物件可能更具说服效果。

不妨看看这个故事：

一位房地产推销员带一对夫妻参观一套公寓，两人对房子很满意，就是觉得价格有些高。推销员看出他们对于房子的爱好，便利用房间的小物件来说服对方。

当太太说房间有些小时，他说："是的，这房间确实不大，但你看它采光非常好，而且从这里还可以看到公园那棵非常漂亮的木棉树。"

当丈夫说地板有些陈旧时，他则指着壁画说："是啊，这间客厅的地板是有些陈旧，但你知道吗？原来房主非常讲究，从欧洲特意买来名家壁画，并且愿意赠送给两位……"

不论夫妻俩如何指出这幢房子的缺点，这个推销员都一直在利用身边的物件突出房屋的优势和独特之处。他知道，这只是他们的借口，目的是压低价格。结果，他成功说服客户接受自己的价格，顺利地签下订单。

所以，说服过程中，我们要从客户心理出发，巧妙地利用身边的所有事物。这样一来，客户自然就会减少许多抗拒，容易接受我们的意见。

事实上，春秋战国时期，著名的说客邹忌也是善于利用身边小物件的聪明者。这个故事就是我们熟知的“周忌讽齐王纳谏”，它可以说是说服案例的经典。不过，今天我们不从邹忌的口才入手，而是从他“善假于物”来说明。

当时，齐威王刚即位，却沉迷于美酒和美色，导致朝政混乱，邻国虎视眈眈。邹忌看不下去了，他听说齐威王爱听音乐，就拿来一把琴，自称有名的琴师，要求面见齐威王。

齐威王听说有琴师面见，立即传令召见。邹忌来到宫殿行完见面礼以后，在调整好琴弦后，做出一副要弹奏的样子，两只手搁在琴上一动不动。齐威王看到后，疑惑地问：“你调好了弦，为什么不弹呢？”邹忌则说：“我不光会弹琴，还知道弹琴的道理。”

这句话一下子引起齐威王的兴趣。他虽然喜欢听音乐，也会弹几下，但对弹琴的道理却知之甚少，于是立即请邹忌讲讲。

邹忌开始讲了起来，可谈得都是玄而又玄、空而又空的东西。齐威王听得似懂非懂，却不好意思说出来。而邹忌一说起来就停不下来了。最后，齐威王终于忍不住，不耐烦地说：“道理都说这么多了，你赶紧弹一首曲子吧！”

邹忌停止说话，把手放在琴上依然不动弹。这一次，齐王发怒说道："你为什么还不弹？"邹忌则回答道："大王看着我拿着琴不弹，有点不乐意是吧！可是在齐国人眼中，大王手里拿着齐国这把大琴，几年都没有弹过一次，老百姓又该这么想呢？"

听到这里，齐威王才知道邹忌的良苦用心，立即让人把琴拿走，和邹忌促膝交谈，商讨国家大事。经过一番交谈，齐威王感觉邹忌是一个难得的人才，于是封邹忌为相，对国家政治进行大规模整顿。没过几年，齐国又重新强大起来。

邹忌劝说齐威王，并没有选择直接劝谏的方式，他知道这样的效果微乎其微。所以，他巧妙运用琴这个道具，实施自己的谏言计划。他用琴比喻国家，达到让齐威王悔悟的目的。

学会借用身边的小物品，"善假于物"，才能使说服更直观、更明显，也更容易理解。所以，我们平时应善于观察，若是发现身边的小物件有利于自己说服他人，就应该及时"借"过来。

当然，借助外物，最重要的是一个"巧"字，不在于物的大小轻重，而是在于它的适用性和针对性。只有运用得当，就可以起到意想不到的效果。

第四章 读懂他人心，瞬间用语言完成逆袭

被说服者是说服的核心。我们的目的就是说服他们，让他们赞同我们的观点，答应我们的要求。无疑，把话说进他人的心里，成为我们的首要任务。那么，面对性格迥异的人，我们应该如何应对呢？

微反应，告诉你说服的效果

几年前，美剧《别对我说谎》风靡全球，也使得微反应研究得以兴起。影片中，主角卡尔·莱特曼博士可以从一个人的面部表情、不自觉的肢体语言、说话的声音和言辞中，知道该人是否在撒谎、为什么撒谎等。

这听起来似乎有些神奇，但并非没有道理。一个人的内心思想、情绪波动，不仅可以通过语言形式体现出来，更可以通过微反应表现出来。与语言相比，微表情更真实，更具说服性。一个人可以说谎，但就算他掩饰得再好，表情行为也会露出端倪。

所以，说服他人的过程中，我们可以注意对方的微反应，判断对方的态度，以及说服效果——对方究竟是赞同还是反对我们；对方是否有所动摇，还是固持己见，以及他们在想些什么？

对我们的提议有何反应?

事实上，一个高明的说服者，不会忽略对方表露出来的任何信息。这个微反应虽然极“微”，但代表的含义一点儿也不小。它关系到我们说服的成败，若是对方已经显露出怀疑、排斥的意味，我们却没有察觉，依旧按照自己的计划来说服，就可能错过最佳时机，使说服彻底失败。

相反，若是我们能够擦亮眼睛，留意对方的言谈举止，从这些细枝末节中读懂他们的心思，就可以调整战略，积极应对，从而让自己处于主动地位，实现说服目的。

一次商业谈判中，甲方需要向乙方购买一项专利技术。谁知，乙方竟然要出非常高的价格，比甲方预期高出整整20%。几经谈判，乙方同意降低价格，但还是超越预期15%，之后就不肯再做出让步。

眼看这笔生意就要黄了，甲方谈判代表非常着急，当然乙方代表也不淡定。这笔生意若是黄了，双方的损失都将非常大。虽然乙方技术先进，不愁买家，但甲方在业内拥有绝对优势，占据市场60%的份额。若是甲方公司无法拿下这项技术，其他公司也不敢轻举妄动——即便拿下技术，由于市场限制，根本无法实现大规模盈利。

最后一次谈判，乙方代表见甲方依旧要求降价，便不高兴地说：“你们把价格压得这么低，一点诚意也没有，我们明天就要回公司总部了，这笔买卖恐怕无法做成。”说完，就摆出一副立刻就走的姿态。

甲方知道，这是他们在向自己施加压力，便同样回了句：“既然如此，我们也没有办法。虽然我们对于不能合作感到遗憾，但真的无法接受你们的价格。”

乙方见甲方如此硬气，只能无奈地把价格降低6%，并且说：“这次是我们最后的让步。”但甲方谈判代表依然不同意。合作谈不成，乙方竟然真的离开了。

这时，甲方其中一位代表对谈判团的负责人说：“既然对方已经同意降价，我们为什么不答应，或许这真的是他们的底线。”

负责人笑着说：“不会的，他们会回来，然后同意我们的条件。”

果然，没过几天，乙方公司又继续回来谈判，最终以预期价格成交。

事后，那位代表问负责人，“你怎么知道他们还要回来呢？”

负责人笑着说：“原因很简单，他们答应降价的时间太快了，没有太多犹豫。还有就是，当他说‘这是最后的让步’时，并没有直视我的眼睛，这说明他的内心不坚定，还有讨价还价的余地。”

不可否认，这位谈判代表的观察力异于常人。他很细心，观察细致，仅仅通过一次眼神的交流，就掌握了对方的内心，从而达到自己的目的。若是他不懂得微反应，或是没有注意到对方的微反应，就可能被对方“唬住”，导致谈判失败。

可以说，通过对方的微反应，我们可以看透他们的内心，轻而易举地做到“知己知彼”，从而达到“百战不殆”。观察对方的微反应时，我们应该留意对方的眼睛。因为眼睛是心灵的窗户，最能泄露对方的内心。故事中的甲方代表就是察觉到乙方眼神的细节，从而获知对方的态度。

除了眼睛，面部表情和肢体语言也至关重要，它很容易被人们忽略，却包含重要信息。比如一个人的坐姿，可以表明一个人的性格和态度。当我们发现对方习惯将左腿搭在右腿上，双手交叉放在大腿的左侧或者右侧，就应该多讲讲人情，真诚地与其交谈。这样的人比较感性，容易动情、被感动。而一个人身体往后倾斜、头微微扬起时，说明他比较排斥你的话，对你存在很强的戒备心理。

当然，语言最能体现一个人的态度，我们可以从对方的应答、声调来判断他对我们的话是感兴趣还是兴趣缺缺。通常，如果对方对我们的话感兴趣，持赞同的态度，他就会很兴奋，话也会很多，还会时不时插上几句，发表自己的看法。相反，他就会无精打采，表情漠然，应答简短，甚至只用“嗯”“是的”“我知道了”这样的词语来敷衍。

不妨看看下面的例子：

一位业务员在给客户介绍自己的产品，他们的对话如下：

“刘先生，我刚才已经详细地介绍过这款产品了，您觉得这款产品怎么样？”

“哦，很好。”

“是吧，那是当然的。我们这款产品这样出色，前景一定非常可观，您说是吧？”

“还行。”

“那么，您考虑选择这款产品吗？”

“我再考虑考虑。”

“这样，那好吧。您是这一行里的前辈，希望您多多关照。”

“会的。”

这位业务员的生意能谈成吗？当然不会。从客户的话语中，我们可以看出明显的拒绝意味。试想，如果他对产品感兴趣，会用短短几个字回答吗？肯定不会！如果他想要购买产品，会不主动询问价格、性能、优缺点吗？肯定会主动询问的！

所以，这种“一问一答”的反应，分明就是一种敷衍，不感兴趣。若是你发现说服对方存在这种情况，就应该尽快改变战略，或是干脆放弃。

总之，微反应是一种直接的情感表达，是人们心理状态的外部显示，更是一个人态度的体现。说服过程中，我们一定要善于察言观色，从对方的微反应洞悉其真实想法，然后进行有针对性的说服。如此，我们才不会糊里糊涂地被拒绝，或是错过最佳说服时机，大大提高说服效果。

跟对节奏，才能奏出和谐的音符

希腊哲学家苏格拉底说：“请开口说话，我才能看清你。”人与人之间的交流，虽然语言只占到百分之七左右，但重要性却是不言而喻。尤其是在说服他人的过程中，语言的作用更是举足轻重。

我们不仅需要用语言传递想要传递的信息，更需要传递我们的情绪、情感、态度、立场等。这些除了话语本身，就需要依靠说话的节奏。可以说，在说服中，我们必须把握好自己的语言节奏关，才能打胜这场仗。

什么是说话的节奏呢？简单来说，就是在说话的时候由于不断发音与停顿，以及说话速度的快慢而形成的音量强弱的变化。这听起来有些难以理解，不过不要紧，想想音乐的节奏，我们就容易明白。说话的节奏，类同于音乐的节奏。

很多时候，人们说话时往往会按照自己的习惯，很少刻意注意说话的节奏。但这毫不起眼的说话节奏，往往会影响到说话的整体效果。事实上，许多著名的说服者、演说者非常注意自己说话的节奏，他们或是慷慨激昂，或是沉重缓慢，通过语调和语速让自己的话语更有感染力、影响力。

相信大家对闻一多先生的《最后一次演讲》并不陌生。闻一多在进行此番演讲时，语调与语速都堪称完美：

> 这几天，大家晓得，在昆明出现了历史上最卑劣最无耻的事情！李先生究竟犯了什么罪，竟遭此毒手？他只不过用笔写写文章，用嘴说说话，而他所写的，所说的，都无非是一个没有失掉良心的中国人的话！大家都有一枝笔，有一张嘴，有什么理由拿出来讲啊！有事实拿出来说啊！为什么要打要杀，而且又不敢光明正大的来打来杀，而偷偷摸摸的来暗杀！这成什么话？
>
> 今天，这里有没有特务？你站出来！是好汉的站出来！你出来讲！凭什么要杀死李先生？杀死了人，又不敢承认，还要诬蔑人，说什么“桃色事件”，说什么共产党杀共产党，无耻啊！无耻啊！这是某集团的无耻，恰是李先生的光荣！李先生在昆明被暗杀是李先生留给

昆明的光荣！也是昆明人的光荣！

你们杀死一个李公朴，会有千百万个李公朴站起来！你们将失去千百万的人民！你们看着我们人少，没有力量？告诉你们，我们的力量大得很，强得很！看今天来的这些人，都是我们的人，都是我们的力量！此外还有广大的市民！我们有这个信心：人民的力量是要胜利的，真理是永远存在的。……我们看，光明就在我们眼前，而现在正是黎明之前那个最黑暗的时候。我们有力量打破这个黑暗，争到光明！我们的光明，就是反动派的末日！

……正义是杀不完的，因为真理永远存在！历史赋予昆明的任务是争取民主和平，我们昆明的青年必须完成这任务！我们不怕死，我们有牺牲的精神！我们随时像李先生一样，前脚跨出大门，后脚就不准备再跨进大门！

演讲刚开始时，闻一多先生用一种较为沉重的语气，给听众带来一种厚重感；说起李公朴先生时，语速较为缓慢，透出一种令人悲愤的力量；谴责反动派时，声调又提高了许多，将对反动派的憎恨表现得淋漓尽致；最后，呼吁人们“前仆后继”“争取和平”时，更是慷慨激昂，声调达到最高。

可以说，正是语调与语速的变化，让闻一多先生的演讲富有感染力和说服力，使台下民众热血沸腾，愿意跟随他一起与反动派斗争，直到今天依旧振聋发聩。

所以，说服他人的时候，我们一定要把握说话节奏，吸引、感染对方。那么，问题来了，只要我们能掌握节奏，就可以说服对方吗？让对方心甘情愿听我们讲话吗？不见得！

这是因为不同的人，说话节奏也有所不同，有的人语调高，有的人语调低；有的人语速快，有的人语速慢。与人面对面交流，并不等于演讲，只要让自己的话语更具感染力就好，关键在于彼此间的互动和配合。

所以，我们除了把握说话节奏，还应该从对方角度出发，多注意对方说话的节奏，然后慢慢调整自己，与之配合。只有跟对对方的节奏，让对方感到舒服、自在，才能与对方形成共鸣，促使谈话和谐美满。说服不就容易多了吗？

我们知道，每个人的语速不同，不仅受个人性格的影响，还受家庭、环境的影响。每个地区的说话语速多有不同，一些方言语速较快地区的人在说普通话时语速明显偏快，而一些方言语速较慢地区的人在说普通话时语速又明显偏慢。

赵旭是四川都江堰人，说话语速非常快，尽管他一直努力控制语速，可还是比别人快很多。一次，他遇到一个慢性子的客户，虽然他的语速已经够慢了，可对方还是有些反应不过来。“你说慢一些，这句话是什么意思？”“刚才第二点是什么？我没有听清楚？”

几次三番后，赵旭有些急躁，可越是急躁，他说话的速度就越快。当客户又一次打断他，说“你上一句说什么”的时候，赵旭有些控制不住，小声抱怨说：“我都说这么慢了，你怎么还没听清楚？”

这下客户也生气了，说：“有什么问题吗？你说话这么快，难道我还不能问吗？”说完，就甩袖离开了。

看吧！问题就出在赵旭没有跟对客户的节奏，他觉得自己已经调整了语速，说话变慢，却没有考虑到对方是个慢性子，习惯了慢条斯理，说话速度也比较慢，自然无法适应他的快节奏。结果，赵旭不仅没有说服对方，还得罪了人，导致合作彻底失败。

那么，我们应该如何做呢？

首先，根据对方的性格、习惯调整说话节奏，既不能说话太快，也不能说话太慢，只有不快不慢的语速，才能带来一个理想的说话节奏。如果出现赵旭这样的情况，我们还应该再进行调整。如果真的无法调整，可以采取其他办法，比如说一句停顿一下，给对方反应的时间，这样一来，就不会出问题了。

除了语速要与对方配合外，我们还应该调整声调。很简单，只要对方说话声调高，我们也同样提高；当对方声调放低时，我们同样降低。

这是因为，绝大多数人的声音总是随着讲话内容的变化而高低起伏，很少有人说话时声调没有变化。说服他人的过程中，如果能够根据对方的声调进行调整，不仅能够形成共鸣，还会赢得对方的好感。对方会觉得你迎合他的习惯，尊重他、重视他。

总之，说服他人的时候，学会掌握说话的节奏，结合自身特点，“制作”出适合对方的说话节奏。只有这样，对方才能对我们产生好感，愿意听我们说话，我们的话语才更具感染力。

摸清对方的性格，善用他爱听的话语

无论是在工作还是生活中，我们都会遇到各种类型的人：同事、老板、下属、客户、亲戚、朋友。人们性格上的差异，表现也各不相同。有人生性腼腆，“不好意思”与陌生人交谈；有人虽有交谈愿望，却感到无从启齿，或局促一角，尴尬窘迫，或欲言又止，话不成句，或说话生硬，不善于听别人意见；还有人性子急，做事果断，处事一般较迅速，当机立断；有人优柔寡断，做决定的时候，喜欢左右摇摆。

人们说“性格决定成败”，是指性格可以决定事业和人生的成功。其实，在说服过程中，这句话同样适用，不过是指说服对象的性格决定我们说服的成败。不管怎样，只要我们能够摸清对方的性格特征，很好地“迎合”别人的性格，就能说出对方爱听的话，实现说服的成功。

三国时期蜀国丞相诸葛亮，就很善于利用他人性格，进行针对性说服。例如，针对张飞暴烈、倔强的性格特点，他往往使用“激将法”，说某事怕他不行或怕他喝酒误事，激他立下“军令状”，不费过多口舌说服。又如，马超进攻葭萌关的时候，士气非常猛，诸葛亮想要挫挫他的锐气。于是，他对张飞说：“马超有吕布之勇，非关羽不能敌！必须去荆州取云长来，与马超一战！”结果，张飞自动请缨，前去迎战马超。

针对关羽自负的性格，诸葛亮则常使用“推崇法”。例如，关羽提出要从荆州到四川与马超比武，诸葛亮便在信里对他说：“马超等人只能与张飞等人为伍，怎能与你‘美髯公’相比呢？再说，你担当镇守荆州的重任，如若有失，罪莫大焉！”关羽看罢后，说：“孔明知我心也。”于是，关羽心甘情愿地放弃比武的念头。

简单来说，说服别人的时候，我们一定要做到“对症下药”。人上一百，形形色色，我们说话一定要顾及被说服者，根据他们的性格来说话，如此一来，我们所说的话才有意义，才能达到预期目的。

若是在说服他人的过程中，没有考虑对方的性格，合理安排说服内容和策略，就会适得其反，面临失败的危机。

某企业需要招聘一位司机，在网站发布了招聘信息。通过层层选拔，最后一轮面试只剩下两个人——经验丰富的张强和李锐，人事部经理把最后决定权交给总经理。

由于总经理公务繁忙，每天的日程排得满满的，几乎没有什么空闲时间。秘书就安排了总经理午饭之后的10分钟，两个人进行面试。秘书交代过，说总经理非常忙，惜时如金，态度严谨，要求严格，让他们尽量简短地介绍自己。

总经理午饭后通常会浏览日常文件，他一边浏览文件，一边让两人进行自我介绍。张强先开始介绍，他非常健谈，滔滔不绝地讲起自己过去的工作经历与驾驶经验，一下子讲了十多分钟。

讲完后，他还自以为幽默地说："总经理，如果将来我能为您开车，一定会全天待命，保证您随叫随到。就像时刻待命的超人一样，包您满意。"张强认为凭借自己的经验，再加上出色的口才，一定能博得总经理的好感。可他没有注意到，在做自我介绍时，总经理抬头看了他好几次，还看了几次手表。

这一切都被李锐看在眼里。他不仅记住秘书的话，还事先了解过，总经理做事果断，是一位急性子的人。不管做什么事情，他都惜时如金，不愿意浪费一丝时间。这从总经理的用餐时间就可以知道，他吃饭的时间很短，从点餐到用餐结束，总共就花了十多分钟。

他决定简短地介绍自己："总经理，我叫李锐，我有十年的工作经验。……过去，我一直坚持三条原则：第一，听得，说不得；第二，吃得，喝不得；第三，开得，使不得。如果能有幸成为您的司机，我一定继续坚持这三条原则。"

李锐的自我介绍，前后不超过两分钟。他说完之后，总经理看了看他没有说话，却给了他一个微笑。

结果不言而喻，李锐被录用了。

其实，这个结果一点都不出乎意料。李锐之所以成功，是因为他准确地把握住这位总经理的性格，调整自己的说服策略，尽量少说话，不浪费对方的时间。张强恰好相反，尽管秘书提醒过，他依旧长篇大论，滔滔不绝，即便总经理已经表现出不耐烦——抬头看他，几次看手表，他依旧没有察觉。所以，他啰啰嗦嗦的自我介绍，不仅没有打动总经理，反而起到反作用。

俗话说“到什么山头唱什么歌”，遇到什么样性格的人，就要用什么样的策略说服他。摸清对方的性格，说他喜欢听的话，把控说服时间，这才是说服成功的关键。

说服前，你了解对方的性格吗？如果没有，那么在行动前做好准备吧！即便你事前没有时间了解，也应该多观察和琢磨，如此才不会让自己说错话！

你真的是个“好人”
——这个标签很好用

很多人觉得说服他人很难，自己即便费尽口舌、口水都说干了，对方还无动于衷。或许我们会遇到异常固执的人，软硬不吃，但这样的人毕竟是少数，只要我们能够掌握对方的心理，用对语言，事情或许就变得容易多了。

英国哲学家罗素说过：“人是一种情感性动物。”在说服他人的时候，我们需要抓住别人的心理，比如恻隐之心，然后以感情攻势打动他的恻隐之心，就会为说服他人赢得机会。

芳芳是一个18岁的小姑娘，因为家庭困难，早早出来打工。由于她年纪小，没有社会经验，被人骗进传销组织。第一天，她就被单独关在一个房间，还被没收了手机、钱包。

晚上，一个比她年龄大的女孩给她做饭，看到有人进来，芳芳心里非常害怕与恐惧，但她勉强让自己安静下来，并轻轻地叫了一声“姐姐”。听到这声称呼，那个女孩明显愣了一下，然后对她说：“快吃吧！不要饿着自己。”

芳芳知道这个姐姐是个好人，可能也是被骗进来的。于是，她接着说：“姐姐，我知道你是个好人，年纪和我姐姐差不多。只是，我姐姐在乡下，每天都要下地干活，还要攒钱给生病的父亲治病。我本来已经考上大学，可是家里实在太困难，只能出来打工。姐姐，你是个好人，帮帮我吧！”说到最后，芳芳留下眼泪。

听到这里，那个女孩低头说：“妹妹，别怕。你先吃饭，好好休息。明天，我找个机会放你走。”

就这样，芳芳成功逃脱了。因为她的一句“姐姐”和“好人”触动了女孩的恻隐之心，或是让她想到自己的妹妹，或是想起自己的经历。

给对方一个“好人”的标签，就是一个非常有效的说服策略。事实上，给别人“好人”的标签，就是抓住了人人都喜欢赞美的心理。没错，人人都喜欢被肯定，喜欢别人说自己“通情达理”“有贡献”“有能力”。只要我们能够摸清对方的心理，给他一顶高帽，就能成功说服。

不妨看看这个故事：

于佳佳是一家建筑公司的经理助理，平时也会帮助经理处理一些棘手的问题。一次，公司在拆迁问题上碰到钉子，所有拆迁户都签订了拆迁协议，只有一位年过古稀的老人不管大家怎么劝说，都不同意签协议。

一般的“钉子户”是想获得更多的钱，可这位老人却不是如此，他只是舍不得离开这里，并不在乎金钱——这就是最难办的地方。原来，拆迁的小区原本是一家棉纺厂宿舍，老人是这家工厂的第一任厂长，对这里有着深厚的感情。他之所以不愿意搬离这里，是因为棉纺厂早已倒闭，工人也早已各奔东西，如果全部拆除，自己唯一的记忆都没有了。

于佳佳非常理解这位老人，但如果不能说服老人，工程就会被耽误，使公司遭受巨大损失。为了解决这个难题，于佳佳和主管来到这个老人的家。

可他们连门都没有进去，老人坐在门前，气愤地说：“我看你们还是别白费心机了！我是不会搬走的，除非我死了！”

见此情况，于佳佳立即说：“老先生，您误会了，我不是劝您搬走的！”

老人怀疑地问：“那你是干什么的？”

于佳佳笑着说：“其实，我也算是半个咱们厂的人。我爷爷当初也是这个厂的工人，听他说还参加过建厂的工作呢！我小时候经常听他说当时的辛苦，还有您带领大家一起拼搏的事情！”

老人听了这话，立即站起来，半信半疑地问道：“你爷爷真的是这个厂子的？他叫什么？看看是不是我认识的人？”说完，脸色变得温和许多，再没有之前的严厉和拒人千里之外。

于佳佳说出爷爷的姓名，没想到，老人还真的记得这个名字。接着，于佳佳又说：“我小时候就愿意和爷爷玩，因为他经常给我讲过去的事情，有的事情都听了好几遍。说您是如何有毅力，带领大家建造这个工厂，说您如何果断、有智慧迅速地占领了市场，让这个厂成为家喻户晓的品牌……”

老人静静地听着，好久没有出声，最后叹了口气说：“唉！那都是很久之前的事情了，还是我没有能力，最后让工厂倒闭了。现在，就连最后一点记忆恐怕也保不住了！以后，人们就不知道有这个工厂了！”

于佳佳握住老人的手，安慰地说：“您老不要这样说，我们都知道您已经做得非常不错了，不是因为您能力不行，而是现在变化太大。爷爷说，要不是您，咱们厂的工人就不会有宿舍楼，就不会在倒闭之后获得那么多利益。这一点我最有体会了。您不仅为我们工厂做出贡献，还对国家做了很多贡献。”

说到此，老人谦虚地说：“我哪做出了这么多贡献！”说着，还不好意思地笑着。结果，于佳佳和老人整整聊了一下午，回想着当年的心酸不易，也说着老人所做出的业绩。直到告别的时候，于佳佳都没有提拆迁的事。

等他们要离开的时候，老人笑着说：“我之前虽然没做出多大的贡献，但也没有做出对不起别人的事情。我知道，我一天不搬，你们就一天不能动工，而且会遭受很大的损失。而且，这个地方建了新小区、新大楼，对很多人都有好处，我不能给别人拖后腿！这样吧，明天你们再过来，我签字！”

这下，拆迁主任的心终于放下了。

从头到尾，于佳佳都没有提拆迁的事情，只是和老人聊天，聊当初的辛苦、老人的贡献、工厂的业绩。这等于给老人一个“有贡献”“识大体”的标签，赞扬了老人的果断、智慧，坚毅、以身作则。就是这个“好人”的标签，让老人转变态度，心甘情愿地签下合同。

所以，说服他人的时候，不一定讲大道理，也不一定采取强硬的态度，或是软磨硬泡。对对方说“你是一个好人”“你值得我们尊敬”，给他一顶高帽，就可以让说服更加有效。

当然，我们要注意一个问题，那就是态度必须真诚，不要让对方觉得你油嘴滑舌，故意奉承。实话实说，真诚地说出事实，对方就会对这个标签产生反应，心悦诚服地接受你的意见。

给对方“好人”的标签时，我们还要注意措辞，不要说出“您做得非常出色，帮了我很大的忙，真算一个好人”。什么叫“算一个好人”？这个“算”字就会让对方感到不舒服，因为这不像夸奖，而是在贬低或侮辱，结果只能适得其反。

锣鼓听音，破译对方的语言密码

保罗·金兰针对人们每天分别花多少时间在不同的沟通活动上做过研究，有趣的是，他发现：倾听占45%，讲话占30%，阅读占16%，写作占9%。由此可见，倾听非常重要，在我们的生活中占据主导地位。没错，在与人的交往中，倾听的作用举足轻重，说服也不例外。

做一位倾听者，我们才能了解对方的想法，知道他们需要什么，对什么感兴趣、对什么感到厌烦。就算我们的口才并不出色，不能在口才上胜过对方，但通过倾听也能做到知其性、察其心，实现说服效果的最大化。

卡耐基说过："做生意，当一名好听众要比自己夸夸其谈有意义得多。销售人员对客户的表示有兴趣，而且想急切地听下去的时候，订单就在来的路上。”让对方说出自己的需求，这比我们猜测容易得多，不是吗？

小区在一家通讯公司工作，职责就是为大公司的网络、通信解决故障。不过，一家老客户好像对公司有些意见，他们请维修人员的次数越来越少。于是，小区找到对方公司的老板，想了解一下情况。

两人一见面，小区就开门见山地问道：“之前咱们合作都很好，最近怎么维修次数减少了？是设备一切正常，还是有别的原因呢？”

对方回答说：你们公司一直做得挺好，但是后来我们公司招聘了一个维修工，很多小问题自己就解决了……”

小区一听急了，急忙插话：“你们这样做成本多高，我们是专业的，收费也不高，您说是吧？”

对方点点头，继续说：“没错，咱们之前的合作确实挺愉快，你们解决问题的能力非常强……”

小区又立即说：“是啊！专业的人干专业的事，你们招聘的人只能解决小问题，大问题还需要我们来处理。既然如此，你们为什么多养一个人呢？那些小问题，只要您打个电话，我们就会立即派人！”

对方有点不耐烦：“你听我说，我们虽然让他解决一些小问题，但不像你理解的那样……”

小区又打断了对方，滔滔不绝地讲了起来。最后，对方生气地说：“你先听我把话说完，不行吗？既然来解决问题，怎么能不听我说呢？”

小区还不知道自己犯下什么错，还在努力辩解：“您听我说……”

这一次，对方没有让他说话，生气地站起来，说：“行了，你别说了。这次谈话就此为止，两公司的合作也结束吧！”说完，对方就离开了，剩下小区一人不知所措。

倾听是一种非常实用的说服技巧。面对被说服者，我们应该耐心倾听，了解他们的需求和想法，可是小区却三番两次地打断对方的话，结果不仅没有说服对方，还惹怒了客户，使得合作彻底结束。

所以，学会闭嘴，做好倾听者，这样才能让对方动心，促进说服顺利进行。当然，仅仅学会倾听还不够。倾听的目的是了解对方内心，这就需要我们做到锣鼓听音，听懂对方话里话外的含义。

晓光和大元是好朋友，两人事业打拼得都不错。可晓光敢冒险，在股市上挣了不少钱；大元则性格沉稳，安心做生意，虽然不大，也颇有受益。

一天，大元找到晓光，想要借点钱。晓光闻听面露难色，但没有拒绝，反问大元用钱做什么？大元敏锐地察觉到，晓光不是不想借给自己，可能想图点什么。他笑着说：“我最近又开了一家店，手头资金运转不过来，还差十几万。”

晓光听完，脸上为难之色仍未消除，他说：“这样啊！如果我有现金，肯定毫不犹豫地借你，但你知道，我把钱都投入股市。现在的股市行情非常好，股价是每天都往上蹿，我实在没办法抽出来！”

大元笑着说：“钱就是用来生钱的，不能总躺在银行里睡大觉！作为朋友，我也不能让你吃亏，来之前我就已经想好了，按照银行最高利息的两倍结算，你看怎么样？虽然这比你投入股市赚得少，但是稳赚不赔，没有风险。你不用担心，我就周转2个月，你就损失一点吧！”

晓光听了这话，客气地说：“咱们是好朋友，我怎能赚你的利息呢！”

大元拍拍晓光的肩膀，爽快地说：“别说这话，亲兄弟明算账！你帮我，我就感激不尽了，我现在就给你打借条。”

晓光哈哈一笑，说道：“好吧！我说不过你，这就把股票的钱抽出来，明天你过来拿吧！”

大元是聪明的，他懂得再好的朋友，只要遇到金钱就需要明算账。而且，他善于倾听，听出晓光的弦外音——不愿意损失收益，想要些利息。所以，他主动提出给利息，高出银行利息的两倍。正因如此，他才能说服对方借给自己钱。

生活中，很多人说话习惯委婉，不愿意明着说，而是喜欢拐弯抹角。这需要我们学会锣鼓听音，听出对方的“弦外之音”。同时，还需要学会划重点，捡重点的听，这样才能真正了解对方的内心，实现自己的目的。

第五章 为对方“洗脑”，巧用思维操控术来攻心

兵法有云：攻城为下，攻心为上。说服也是一样，是说服者与被说服者心与心的较量。只有学会运用心理策略，巧用思维操控术为对方“洗脑”，真正打动和征服对方的心，才能实现自己的说服目的。

抓住关键，比别人更关心自己

作为一个高明的说服者，如果留意观察，你会发现一个现象：人与人之间的交流，用得最多的一个字就是“我”。

这说明，不管什么人，也不管做什么事情，在任何时候，人们关心的都是自己。换句话说，自己的目的永远是最重要的。不管是说服者还是被说服者，最关心的都是自己的需求。

作为一个说服者，我们的目的又是什么？显然是说服别人。想要说服别人，我们就应该比对方更关心他的目的，想办法聊对方关心的话题，这叫“投其所好”。这好比：他瞌睡的时候，你适时地拿来枕头；他燥热的时候，你悄悄地递过扇子。你的举措，恰如其分地迎合了他，当然也赢得了他的好感和信任。这个时候，想要说服他，岂不是水到渠成？

文佳是一家公司的业务经理，工作非常出色，时常能搞定棘手的问题。她能够充分了解对方的内心需求，抓住对方最关心的事情或话题，然后积极地想办法解决。她的投其所好，通常会发挥很大的功用。

一次，领导派给她了一个重要的客户。她以为，这次生意会很顺利，因为他们的价格十分合理，这位客户还是与他们长期合作的客户。

然而，事情发展并不尽如人意，客户的态度非常消极，犹犹豫豫。经过调查，文佳得知，这个客户正和另一家公司接洽，且他们的价格更低一点。客户更倾向另一家公司，那一点点差价会使他们的总体开支节省许多。

当然，这位客户没有立即做出决定，因为文佳的公司毕竟与自己合作多年，信誉方面更有保证。文佳不敢放松，不断地与客户沟通，希望客户能够在自己的身上发现更多的利益。可是，公司在价格上没有优势，且不能再降低价格，如何打动客户呢？如何让客户看到自己的价值呢？

就在文佳苦恼的时候，她突然找到一个绝妙的机会。那天，文佳和客户在一起吃饭，席间客户接到一个电话，虽然只有短短几句，文佳却敏锐地得到一个消息：客户正在为儿子办理出国手续，却遇到一些麻烦，很可能就要泡汤。

文佳觉得这是抓住客户的最佳时机。与客户吃完饭后，她立刻联系总经理，说想要申请增加一个公司出国培训员工的名额。

结果，总经理马上同意她的请求，解决了客户儿子的出国事宜。

当她把消息告诉客户后，客户惊讶地说："你怎么知道我儿子要出国，且出国事宜出现了问题？竟然还这么快就解决了？"文佳笑着说："不好意思，那天您打电话时，我无意中听到您的隐私，请您不要怪罪。我开始不确定能否办成，所以没有事先和您说。"

客户当然不会怪罪她，还非常感谢她的帮助。结果，文佳顺利地拿下这个订单。从这以后，这位客户总是找文佳洽谈公事，签单的数额越来越大。

毫无疑问，因为文佳关心客户的事情，并且成功地为客户解决掉麻烦，所以她轻松地赢得客户的信任和支持。这个时候，与竞争对手相比，她已经占据明显的优势，说服成功就成为理所当然的事情。

可以说，如果可以做到比对方更关心他的目的，你的说服计划已经在悄无声息中成功了一大半。所以，在说服他人的时候，不妨多了解对方，关心对方的兴趣、爱好、感兴趣的话题，或是他们的目的。这样一来，不仅可以使我们更容易找到话题的切入点，还能赢得客户的心，使说服顺利进行下去。

不妨再看看下面的例子：

有两位年轻的销售人员，他们在同一家公司工作，但结果却大相径庭。

甲进入客户家时，还没等缓口气，他就迫不及待地介绍起自己的产品。他的口才不差，滔滔不绝地讲述自己的产品，绘声绘色，妙语连珠。他从质量讲到销路，又从现况讲到前景，把自己的产品夸得是“天上有，地上无”。

但是，他得到的结果往往是客户的拒绝，或是敷衍地说：“不好意思，我先看看。”或是不耐烦地打断他，说：“好了，知道了，我正在忙。”“抱歉，先生！我知道你的产品很好、很畅销，也很实用，但它真的不适合我。”“我只是来转转，不需要这产品。”……

乙就不同了，我们来看看他是怎么做的？

刚到客户家里，他先是和客户寒暄、闲聊一番，利用这个时间，悄悄地观察起对方的家具布置，并以此揣测出其生活档次和消费品位。当然，他做这项工作的时候，只是用眼睛快速扫过，仅仅用了几秒而已。

但就是这几秒钟，他就可以了解客户的基本情况。于是，他在向客户介绍产品时，先询问对方需要什么样的款式和档次，并且根据自己的判断，仔细地为客户分析产品能够为其带来多少潜在利益，比如会为对方省下多少开销，几年时间能省下多少钱，等等。这些话虽然简单，但却抓住了客户的心，因为他是从客户需求出发的。

最重要的一点，他总是比客户更关心他们。若是客户倾向于产品功能，他就会坦诚地告诉对方，公司过段时间会推出一款新机型。这款新机型更适合客户的需求，并且可以节省更多的钱。

就是因为他总是关心客户，为了客户着想，所以客户被他深深地感动，认为他是一个值得信赖的人，毫不犹豫地购买他的产品。不仅如此，很多客户会成为他的回头客，还会为他做宣传，介绍新客户。自然，乙的业绩越来越好。

同样是销售人员，差距为什么这么大？关键在于他们关心的对象是谁。

甲的口才好，可以把产品夸得“天上有，地上无”。但很遗憾，他只关心自己的目的，却没有关心客户需求。他的目的是卖出产品，但没有考虑客户需求，他的失败就在所难免。

而乙就不同。他敏捷地捕捉到客户的真实需求，在这些需求上推销产品。他很关心客户，告诉对方如何用这款产品获利。可以说，他的话深深地进入客户的心里，那是对方最需要的。如果客户购买这款产品，那就是他实实在在的目的。他的说服计划，从一开始就打动了客户的心，为自己赢得优势。

所以，想要说服别人，我们必须多想一想对方的目的和需求，这是说服他人的基本要素。就像一个渔民想购买一艘渔船，但你却极力向他推荐一款跑车，这可行吗？跑车再漂亮，他也不会购买，这根本不是他们需求的，更不是他们的最终目的，你的说服又怎能成功？

记住：只有比别人更关心他自己，抓住对方的心理需求，我们才能真正赢得对方的信赖和好感，从而使自己处于“说服战”的优势地位，实现自己的目的。

巧用提问，让对方跟着你的思路走

说服中，巧妙提问是一种很重要的技巧。通过提问，我们可以获得众多重要的信息，发现对方的需要，知道对方追求什么，这对于说服有很大帮助。同时，更重要的是，提问还可以让我们掌握谈判节奏，给对方“洗脑”，从而跟着我们的思路走。

比如，我们在征求对方意见时，通常会问：“你对我们的提议是否有意见？”“我想知道，您对我们的报价有什么看法？”表面来说，这些问题没有什么不妥，可以让我们了解对方的想法。若是对方有所保留，或是态度不积极，效果就不明显。

若是换一种方式，运用封闭性提问，让对方做出“是”或“否”的肯定回答，我们就可以直接知晓对方的态度。比如，我们可以这样问：“你同意我们的建议吗？”“如果在价格上再优惠一些，您有意见吗？”“你是否认为‘上门服务’没有可能？”如果对方不是故意回避问题，我们通常可以掌握节奏，让对方无法掩藏真实想法。

所以，我们应学会发问技巧，把谈话的主动权把握在自己手中。这样一来，说服才能顺利进行下去，达到预期效果。

安宁是一家销售公司的经理，去外地参加一个大型产品展览会，寻找合适的产品。他看中了一款创意新奇的电子产品。这款产品设计新颖，还非常实用，若是能拿到独家代理权，肯定能迅速打开市场，赢得丰厚的收益。

拿定主意后，安宁立即找到这款产品的制造商，想要达成合作协议。该产品的制造商是一家颇有名气的公司，看到来谈判的是一个不起眼的年轻人，便轻蔑地说：“我们的产品价格昂贵，而且需要高昂的代理费用，你根本无法买起这样的产品！”

安宁知道对方看不起自己，并且在羞辱自己。可是，他没有心生不满，而是轻松地说：“是吗？没关系，只要价格合理，产品质量优良，我会不惜价钱的。而且，我相信您是有商业道德的人，不会胡乱报价和提价，对不对？”

该公司的代表有些吃惊，但不得不点头说：“当然，你说得没错！”

于是，安宁继续问道：“那么，产品的价格是多少呢？”

该公司代表得意洋洋地说：“最低100万！”

安宁故作吃惊，高声说道：“价格真的不便宜！或许是因为制造它的成本太高了吧！不过，我听说这项技术已经广泛应用，根本不需要那么多的研发成本，是不是这么回事？”

对方没想到安宁这样说，但觉得安宁根本不可能知晓详情，便反驳说：“是的，这项技术虽然已经被广泛应用，但我们在创新、设计上花了很大功夫。”

安宁笑着说：“是的，创意最重要，不过，这也无需那么高的价格，是吗？”

对方无奈，只好窘迫地说：“我看你有诚意，如果你想要购买，我可以给你适当的优惠！”

安宁立即高兴地说：“真的吗？那太好了！您觉得70万，可以吗？”

对方没有回答，而是思考起来。安宁知道他是在合计，看这样的报价是否合算。过了一会，安宁问道：“这样的报价，对你我来说都是非常合算的。我想，您再也找不到我这么合适的买家了，对吗？”

听了安宁的话，对方不禁笑了出来，说道：“您真的是太精明了！每个问题都让我无法回避。没错，这个报价可以让我的利润最大化，也可以让你获得最丰厚的利润。”

就这样，安宁以适当的价格，拿到这款产品的独家代理权。

我们不得不承认，安宁是高超的说服者，通过巧妙的提问始终主导谈判的节奏。他的提问也具有很大的威力，几乎每一句都让对方无法回避。所以，短短几句话，他就顺利地说服产品制造公司的代表。

所以，我们应该学会有技巧的提问，引导对方的思维朝着自己想要的方向发展。比如，对方对你的建议不感兴趣，或是犹豫不决，我们就应该提出一些引导性问题。“你对我们的产品有什么意见？”“你愿意买什么样的产品？”这些问题可以引导对方思考我们的产品有什么优缺点。

当然，提问之前，我们应该做好充分的准备，提出有技巧性、合理性的问题，让对方感兴趣。一旦我们所提的问题，对于对方了解信息没有任何用处，又起不到调动气氛的作用，提问就没有任何意义。

同时，在提问的时候，我们应该考虑问题的合理性，不要提出让对方回答不了或是无法接受的问题，要应对不同情况、不同对象提出不同角度的问题，更加全面和灵活。

我们还可以采用坦诚性提问，比如直接问“告诉我，你至少要销掉多少？”“你是否清楚，我已经提供你了一个很好的销售机会？”这样的提问可以显示我方的友好，让说服气氛更加融洽、和谐。

总之，我们要掌握提问的技巧和谈话的主动权，让谈判向着我们希望的方向发展。只要我们能够做到这一点，就是最大的成功。

为对方“催眠”，轻松走入内心

实际生活中，我们经常会遇到这样的情况：你和朋友一起逛街，试穿了一条根本不适合你的裙子，但所有人都说好看、合适，你就会被催眠，从而买下这条并不适合你的裙子……

你这是被催眠了。什么是催眠？它是指一个人意识状态不知不觉地发生改变。催眠可以看作一种状态，这种状态就是让人进入注意力高度集中的情境。一定程度上，催眠可以改变一个人的意识状态，让人从潜意识里判断事物。

上面所说的情况，实际上是一种比较浅显、直接的催眠，真正的高级催眠通常体现在说服中。一个说服高手可以不知不觉地给别人催眠，让他跟着自己的节奏走，感同身受，从而实现自己想要实现的目的。

比如，你正在听一场非常喜欢的演讲，演讲者情绪激昂，痛斥某种不合理现象，你与他同样愤怒，恨不得拍案而起。这位演讲者是一位说服高手，就是运用了催眠式的说服方法。

可以说，催眠式的说服就是巧妙地给对方“洗脑”，运用语言的力量操控对方的思维、思想，从而潜移默化地促使对方赞同你的意见。这是人与人之间谈话的最高境界，也是说服的最佳方式。

其实，催眠式的说服并不难，只要我们能够掌握对方的心理就可以了。首先，让对方消除排斥情绪，然后说出对方想听的话，谈论对方引以为傲的话题。当对方产生好感时，我们的说服就容易多了。

李璇的儿子已经初二，正值青春叛逆期，每天不好好学习，喜欢惹是生非。虽然她已经对儿子严加管教，可还是无法让儿子有所收敛。这令李璇非常头疼。

一天，李璇正在上班，突然接到儿子班主任的电话，说儿子又犯错了，“你把他领回家吧”！李璇知道这次儿子惹的祸不小，立即赶到学校。该怎么和老师谈呢？老师正在气头上，直接求情肯定行不通。她知道，这个老师很有资历，时常给家长讲家庭教育方面的讲座。于是，她决定从这个方面着手。

一见到老师，李璇就立即抱歉地说：“老师您好，孩子又给您惹麻烦，真是太抱歉了！这个孩子实在让人太头疼了，我一直想要跟您多交流一下，可一直没有时间！”

老师余怒未消，说：“这个孩子太叛逆了，你们做家长的可要上心些！”

李璇立即说：“是啊，我也很头疼，苦于找不到合适的方法！听说您时常为家长做讲座，我还听了几次，受益匪浅。”

说到自己的讲座，老师感慨地说：“是啊！谁都想要教育好孩子，可是很少有人能找到合适的方法，我也只是谈谈自己多年的经验，希望能给大家一个建议！”

李璇立即接话说：“是啊，您经验丰富，一定桃李满天下！”

谈到自己的学生，老师来了精神，说：“是啊，我教了一辈子书，也教出很多不错的学生。这些学生还算优秀，知道感恩，始终没有忘记我，每逢节假日都会问候我。”

李璇笑着问：“这些学生真不错，肯定大部分都是好学生吧！”

老师笑着摆摆手：“哪有？有的学生虽然很聪明，但也不爱学习；有的学生比较调皮，但现在都有所成就。孩子哪有不调皮的？”

这正是李璇想听的。她说：“是啊，没有不调皮的学生，我真是太佩服您了，能管好这么多调皮的学生，而我却管不好一个孩子。您真是教育有方。”

这时，老师不但没有了怒气，反而安慰起李璇来。“你家孩子确实让人头疼，不过，没有教不好的学生。他现在毕竟是叛逆期，只要我们合理引导就可以了。”随后，老师和李璇一起研究怎么教育孩子的事情，还给李璇提供了很多家庭教育的方法。

李璇是一个高明的说服者，她没有一味地向老师求情，知道这样只能让老师更加反感。她先是承认错误，说出自己的苦恼，然后虚心地向老师请教教育孩子的问题。这样一来，老师就放下戒备心理，不好向李璇发火。

之后，她又提起老师“桃李满天下”，夸老师的学生有出息，老师教育有方，经验丰富，引导老师说出“并不是所有孩子都听话”“没有教不好的学生”这样的话语。这样一来，老师便会恢复理智，想办法引导孩子改正自身的错误。

这就是催眠说服的妙处。可见，把催眠运用到说服中，我们可以轻易地达到自己的目的。当然，运用这种说服策略时，我们还需要研究对方的心理，让他们感到自己被重视，把每句话都说到对方心里；或是进行心理调适，引导对方的思维朝着自己期望的方向发展，如此才能大大提高说服的成功率。

正如古人所说：“攻心为上。”真正的说服高手，并非舌灿莲花，而是高超的攻心强者。他们能够利用自己的话语，打开对方心理防线的缺口，实现说服的目的。

杰克是一个建筑承包商，他在费城承包建设一座办公大厦。按照合约，这座办公楼必须在某一天竣工。他是这方面的老手，把一切事物安排得井井有条，如期交工应该没有问题。可是，在这个节骨眼儿上，却遇到了问题。

承包铜工装饰的商人，却说自己不能如期交货。这样一来，整个工程就得停下来。更糟糕的是，工期快到了，不能如期交工，将会面临巨额罚款！无奈，杰克只能找那家供应铜饰的工厂。

走进经理的办公室，他的第一句话就是："先生，你知道吗，你的姓名在这座城市中是绝无仅有的，太神奇了！"

"噢？"这位经理听到他的话，感到很惊讶，也很有兴趣。他摇摇头说："不，我还真不知道，是这样吗？"

杰克说："今天早上，我下了火车就去查电话簿，想找到你的地址。结果意外发现，在这座城市里，只有你一个人叫这个名字，真的是绝无仅有！"

那位经理来了兴趣，一边顺手取过电话簿查看，一边说："我从来没有注意过这些。"果然，真像杰克说的一样，他的姓名是独一无二的。这个发现让他开始自豪起来："我这个姓不常见，是一个非常古老的姓氏！我的祖先原籍是荷兰，搬到纽约已有两百多年了。"接着，他兴致勃勃地讲起自己的家世。

杰克耐心地听着，听他讲完自己的家世，便又找了个话题，谈起他的工厂。杰克说："原来这家规模庞大的工厂，还有这样曲折的经历，真让人赞叹！先生，毫不夸张地说，这家工厂是我所见过的铜器工厂中最整洁也最完善的一家。当然，这一切都得归功于你的经营有方。"

那位经理开心极了，兴奋地说："是的，我花了一生的精力来经营这家工厂，才让它有了今天的规模，它就是我的荣耀。你愿意参观一下吗？"

于是，那位经理带着杰克，一同参观了工厂。参观的时候，杰克不停地称赞，从组织系统到工人素质，都是他的称赞对象。

当他称赞工厂里的几种特殊机器时，这位经理说：那几种机器都是他自己发明的，这是他做得最棒的事了。接着，他花了很长时间讲解这些机器的使用方法和特殊功能。整个参观过程十分融洽。不过，一直到这个时候，杰克对于此次前来的目的，还是只字未提。

中午，那位经理坚持要请杰克一起吃午餐。餐后，经理笑着对杰克说："我知道你来的目的，可以坦白告诉你，在你来之前，我已经做好拒绝的准备，因为我有几单大生意要做。想不到，我们会谈得这样愉快。我向你保证，即便牺牲了别家生意，我也会准时完成你的订单。"

就这样，杰克轻松地实现自己的说服目的，同时还享受了一顿丰盛的午餐。

其实，说服对方的过程中，杰克根本没有做什么，也没有提自己的目的。从头至尾，他不过是对那位经理进行催眠，轻轻松松地征服了他。

每个人都是与众不同的。只要我们能够催眠，给对方"洗脑"，便可以轻松走进他的内心。所以，学会为你的说服对象催眠吧！

会说硬话，也会说软话，软硬兼施效果大

语言是有软度和硬度的。说服过程中，我们常常会遇到这样的情况：越是用强硬的态度说服，越是威胁对方妥协，效果就越差。若是我们能改变态度，学会适当地说软话，用温柔的态度、动听的语言来说服，结果则大大不同。

这就是我们说的“吃软不吃硬！”

这是因为人都是情感动物，不是机器，会有情绪、感受、自尊心。人的言行由感情决定，情感的号召力往往比理性的号召力更强大。当我们用强硬的态度、冰冷的语言说服他人时，即便说话再有哲理，口才再好，也无法说服他人。这样的语言会让对方感受到压迫感，他们会本能地抗拒。温软的语言就像阳光，可以温暖对方的心，软化对方的态度，心甘情愿地接受你的建议。

所以，我们想要真正地说服别人，一定要注意语言所负载的信息，让情感融入其中。日常生活中，需要说服的情形很多，而利用人们内心的柔软，借助情感的力量说服他人，无疑是一种非常聪明的方式。

一个小男孩想要母亲为自己买一条牛仔裤，这是一个简单得不能再简单的要求。但是男孩怕遭到母亲的拒绝，原因是他已经有了一条牛仔裤。怎么办呢？聪明的小男孩想到一种独特的方式。

他没有像其他孩子那样苦苦哀求或者撒泼赖皮，而是一本正经地对母亲说："妈妈，你见没见过一个孩子，他只有一条牛仔裤？"

这句天真的话，一下子打动了他的母亲，小男孩也得到了梦寐以求的牛仔裤。后来，小男孩的母亲谈起这件事，说到当时的感受："儿子的话让我觉得，如果不答应他的要求，简直有点对不起他。我想，哪怕在自己身上少花一点儿钱，也不能太委屈孩子。"

多有意思！一个小孩子以一句动情的话就说服了母亲，满足了自己的需求。他显然不懂说服术，但知道"情"是说服妈妈的根本。就连小孩子都懂得的道理，为什么我们不懂呢？

古人有言："感人心者，莫先乎情。"说服语言需要软硬结合，软语的作用就是在情感上征服别人。只有善于运用情感技巧，动之以情，以情感人，才能打动人心，进而说服别人。人与人之间总有一段距离，情感则是连接的桥梁。要想说服别人，只有通过情感的桥梁，才能到达对方的内心深处。

当然，我们应注意，说软话的时候，不能虚情假意，而是真正地敞开心门。

为了研制出新产品，某公司聘请了一个年轻的技术人员。这个年轻人叫李琦，对工作颇有干劲，一上任便一头钻进实验室，废寝忘食地整整干了一个星期。

李琦的确是个很努力的员工，他曾经40多个小时没有离开过实验室，连吃东西都是请人送进去的。当研究工作暂告一段落，他在床上睡了一天一夜，醒来时一眼就看到老板正坐在他的床边。

见到李琦睡醒，老板立刻拉住他的手，说："年轻人，你太拼命了。我宁愿不做这种生意，也不能赔上你的这条命。做研究的人少有长寿者，但我希望你能节制。你的心意我领了，就是研究不成功，我也不会怪你。"

老板的一番话，深深感动了李琦。从此，他不再总是为了工资而工作，而是把研制新产品当成自己和老板的共同事业。不到半年时间，闭路电视便研制成功，为公司的进一步发展开辟了广阔的前景。

显然，老板这种充满温情、关怀的话语，比批评、命令更具效果。这种情感关怀，没有让对方感到是在工作和老板给他的压力，而是贴心的温暖，从而更加激发李琦的士气，激发了工作热情。

以情动人，永远都是说服中最有效的。所以，不管说服什么人，我们都应该注意说话的软硬度，避免咄咄逼人、冷冷冰冰，让话语变得太硬。适时降低硬度，用巧妙的软度进行说服，往往会收到意想不到的效果。

很多时候，一句话的温暖，远比无休止的说教更有效果；一句软话，用情感人，远比滔滔不绝地说道理更能打动人心。

降低话语的硬度，以情动人，还有一种方法就是学会巧妙批评。用赞美代替批评，或在批评人之前夸夸对方，反而更能说服他人。每个人的心中都有一种被赏识的渴望，希望被人认同。这就像治疗牙齿的时候，牙医通常会先使用麻醉剂，以渐进的方式深入对方“口”中，没有疼痛，只有成功。

无论在什么样的情形下，我们想要说服别人，首先要学会从赞美开始。赞美一个人，其实是表示对其关注的一种方式。赞美会给他人一个好心情，使对方的内心变得舒服，减轻对我们的排斥感。

某企业的总经理有一位比较粗心的女秘书，时常犯一些小错，尽管他多次提醒和批评，秘书都没能改正过来。

有一次，他又发现女秘书给自己的文件中出现一些错误。他有些生气，但没有直接批评她，而是说：“你今天穿的衣服真好看，它使你看起来既年轻又漂亮。”总经理的称赞，让女秘书受宠若惊，她知道总经理很少赞美别人。

看着她满面笑容，总经理接着说：“但你不要骄傲，我相信你处理的公文也能和你的穿着一样漂亮。”果然，从那天起，女秘书在处理公文时就很少出错了。

这位总经理是高超的说服者。在说服之前，他改变了之前的硬话——批评、指责，而是换上软话——赞美、肯定。这其实就是利用人喜欢被赞扬的心理，进而达到说服目的。

可以说，说服语言中的软硬结合是一门艺术，不仅考验说服者的口才和智慧，更考验他们对被说服者心理的掌握。能够把握这种艺术的人，才能称得上是真正的说服高手。

当然，我们还要注意一个问题，那就是语言中的软并不是说要在对方面前委曲求全，曲意逢迎，更不是虚情假意，违背内心，而是掌握一定的技巧，采取“怀柔”策略。

不要嘴皮子，而是满足对方的欲望

对于绝大多数的说服者而言，他们的心态其实停留在以力服人和以理服人的阶段。什么是以力服人？很简单，力者，强也，能够压服人。也就是说，说服者通常想要通过压制别人的方式来实现说服目的，比如父母对孩子、教师对学生、老板对员工。

这些人的说服通常是借助权威、权力实现的，没有考虑到被说服者的内心意愿。这种说服，带来的是一种恐惧，与其说是使对方信服，不如说是使其屈服。

以理服人就更容易理解。说服者通常用大道理、逻辑性思维来说服他人。他们的口才好，滔滔不绝，引经据典，话语很具有说服性。可是，这种说服同样没有从被说服者出发，只是从“理”出发，带来的是被说服者的“理亏”，然后不得不服从。

两者真的能说服他人吗？不见得！即便对方妥协了，也不是真正被说服。真正的说服应该是以心服人。也就是说，说服者应该从被说服者的需求出发，让对方有被尊重感和满足感。

这不难理解。说服不能仅靠嘴皮子，更不能靠权力、权威，而是满足对方的欲望，从对方的内心出发。

在美国，一旦出现集会或者游行，政府当局一定会做一件事，既不设置路障，也不向军队发出待机的命令，而是设置一些简易厕所，准备好饮用水。政府的态度其实更像“帮凶”。你们不是来游行吗？好吧！我们满足你们，还为你们提供方便，随便你们闹！

很多人会觉得政府这样做是莫名其妙，无法理解，但据说这样做是有一定的道理的。

我们可以想象，参加集会的人，心情往往非常狂热。这个时候，武力管用吗？说服管用吗？显然都不怎么管用！既然不能被说服，甚至不能强制说服，那就满足一下他们的欲望。当他们想要上厕所的时候，就会有厕所；当他们喊口号口渴的时候，就会有水喝。当然，如果有力气，他们还可以在大街上多蹲两天。一句话，满足他们的欲望。但请注意，这样做绝不是火上浇油，一段时间以后，游行总会自动解除。

这是满足欲望的妙处。

一个好的说服者，必须学会满足说服对象的欲望和需求。美国心理学家马斯洛提出一个非常著名的理论：需求层次理论。在这个理论中，他将人的需求分成五个不同的层次，按照由较低层次到较高层次排列，分别是生理需求、安全需求、归属与爱的需求、尊重需求和自我实现需求。

谁也无法否认，自己的心中会有一些欲望。我们有，说服对象也有。若是我们想要说服他人，就必须知晓被说服者的需求，然后想办法满足其最迫切的需求。比如，有些人渴望被关怀，我们就应多安慰、鼓励他，让他感受到我们的心意；有些人渴望被尊重，我们就多赞美和肯定，提及他的成绩和优势；对方喜欢听好听的话，没关系，说给他听；对方喜欢听俏皮话，没关系，讲给他听……

适当满足一下说服对象的欲望和需求，从人的本性入手，说服才能达到预期效果。但我们也需要注意，“欲望”并非指人性中的那些诟病，如物质、金钱、名利，而是一种最原始的心灵渴望。

满足对方的欲望，其实是对对方感情的认同。身为感性动物的我们，不管什么身份、地位，不管什么职业、处境，始终受情感支配。情感影响我们行动，也支配我们的思想和决定。

所以，说服他人的最好办法就是，从尊重别人和满足别人的欲望开始，在情感上满足被说服者。对方的欲望得到满足，需求得到满足，他们就会在情感上倾向、认同我们，如此一来，说服就不成问题。

不妨看看这个故事：

一个精密机械工厂准备生产一项新产品，在完成基本设计方案以后，便将其中的部分部件委托给一个小工厂进行生产。

但是当这个小厂将半成品交给机械工厂负责人审核时，负责人发现这些零件并不符合本厂的要求。由于距离交货日期已经很近，负责人只好命令小厂尽快重新制造这批零件。

这却遭到小厂负责人的反对。他觉得自己完全是按照机械厂的设计和规格制造的，自己没有错，为什么要重新制造呢？这不仅浪费时间，还增加了一倍成本。就这样，机械厂和小厂发生分歧，双方各持己见，不肯让步。

如果一直僵持下来，对两者都没有好处。机械厂将无法按时交货，承受违约的损失；小厂也无法得到应有的报酬，浪费时间、人力。见到这种情形，机械厂厂长决定亲自和小厂负责人谈谈，希望能及时解决这个问题。

双方见面以后，机械厂厂长非常诚恳地说："这件事完全是我方设计不周所致，还令贵厂吃了亏，实在抱歉。今天幸好是你们帮忙，才让我们发现产品竟然有这样的缺点，为此我代表厂方对你们表示感谢。"

见机械厂厂长态度这么诚恳，小厂负责人的态度也软了下来，说："我们也不想把矛盾扩大，这对双方都不好。事情发展成这样，我们也有一定的责任，生产前没有和贵厂的工程师沟通好，否则事情不会发展成这样。"

机械厂厂长立即说："没错，事情已经发生，我们就应该想办法解决，不如这样，你们多费点心，将它制造得更完美一点，我们会给你们一定的补偿，不会让你们白费功夫。”

小厂负责人见对方这样说，连忙说：“成本提高了，我们确实无利可图。不过，我们也需要负责少部分的成本损耗。不过您放心，我们一定加紧赶工，把这项任务完成。”

为什么之前双方僵持不下？

其中一个原因是，小厂不愿意承担损失，再花费时间和成本重新返工。更重要的是，机械厂负责人认定是小厂的错才导致产品不合格，这是小厂负责人无法接受的。他觉得自身的价值和能力不被尊重，为什么我没有错却要承担责任？

机械厂厂长是个聪明人，他用行动对小厂负责人传达出一个非常重要的信息，那就是：产品出现问题，也有我们的责任，并不只是你们的错。你们不是简单地被动接受我们给予的工作，而是我们的合作伙伴。我们会重视你们的诉求，尊重你的想法。这样一来，小厂负责人的内心需求和欲望得到满足，有了被尊重的感觉，自然就能做出让步，愿意重新制造零件。

所以，不管什么时候，我们不能企图仅凭嘴皮子就说服他人，更不能认为凭借强势、压制就可以使人服从。想要说服他人，我们必须从对方的内心出发，满足其需求和欲望，让人愉悦地接受我们的意见。

这是说服的诀窍，更是我们应该做到的！

“洗脑术”的逻辑：让对方提出你需要的

生活经验一直提醒我们：如果直接说服他人有困难，不妨先把自己的动机隐藏起来，通过一定的语言和心理攻势，巧妙地将对方拉入自己的阵营。然后，将自己的希望和愿望变成对方的，一步一步地让对方说出你需要的，这样就能自然而然达到说服的效果。

或许很多人会说，对方怎么会轻易说出我们需要的？他们有自己的想法和意见，怎能为我们说话呢？

其实，这说困难也困难，说简单也简单，关键在于我们是否掌握说服技巧，能为对方“洗脑”。我们要做的其实很简单，就是想方设法让对方加入自己的阵营，参与到自己的活动之中，让对方说出你想说的。

这是因为，根据心理学研究，人拥有一种潜在的心理，经常会对与自己有关的事情产生一种参与的愿望。虽然有时候我们不想理会某件事情，但这种想法却和潜在的内心需求产生矛盾。

下面我们不妨通过事例来说明。

一位建筑商人生意越做越大，便想要换一个办公地点，于是找来一位房地产经纪人。这位房产经纪没有为他介绍房子，而是问他："您为什么要换房子呢？"

商人回答说："我现在的办公室是租的，随着工作人员的增多，空间明显不够用。所以，我想要买一间更合适的房子。"

房产经纪又问："您想要什么样的房子？你梦想中的房子究竟是什么样子的？"

商人看着窗外的景色，回答说："我理想中的房子，需要有宽敞整洁的办公室，但不需要太大。最好能够让我看到美丽的景色，低头看看近处的公园，远眺波光粼粼的河水，享受忙碌工作后的静谧。"

听了这位商人的话，房地产经纪人想：他想要的不就是现在的房子吗？这里完全符合他的期望！经过思考，房产经纪决定说服商人买下隔壁一间更大的房屋。他微笑着说："这里就可以看到美景！您完全没有必要换房子！如果你担心空间不够，我知道隔壁还有一间更大的房屋要出售。"

可是，这个建议立即遭到商人的反对。他说："这间房子虽然非常好，但明显已经旧了，我已经在这里待了八九年，它的建筑结构并不完美，有很多的问题，使用的建筑材料也不是环保的。你知道，我是搞建筑的，最懂这些东西。我比较中意旁边那座新房子，它是前年才建造的……”

房产经纪终于明白，商人虽然觉得这间房屋有缺点，但却最中意这里。那些批评它的话，不过是一些无关紧要的理由罢了。接下来，他决定把客户拉入自己的阵营，让他说出内心的想法。

随后，房产经纪转移了话题，开始谈商人的创业经历，从白手起家到赚到第一桶金。商人感慨地说：“20年前，我成立了自己的公司，当时只有几个员工，条件非常辛苦。我虽然是老板，但每天也要拼命工作，时常加班到半夜一两点。就是因为拼命地努力，才有了今天的成绩。”

房产经纪又问道：“您一开始就在这里创业吗？一定对这里很有感情吧！”

商人笑着说：“是啊！一开始创业的时候就在这里，这里虽然发生很大变化，高楼林立，可是公园和小河始终都在。当初，我每天都在办公室加班，累了就会静静地看着楼下的公园，看那里的人们悠闲散步，或是远眺河面的景色。如今，想到要离开这里，真的很舍不得……”

房产经纪觉得自己的话题有效果，接着说：“是啊！人都是念旧的，尤其是这里记录着您的创业经历、拼搏的苦涩，以及今天的荣耀，怎能说离开就离开呢！”

听了房产经纪的话，商人默默地望着窗外，回想自己的创业经历，努力做出的成绩……

许久，他说：“你说隔壁还有一间大房间，是吗？”

房产经纪知道自己的目的快达到了，他立即说：“没错，那间房子的面积是这里的两倍，位置非常好，可以看到前面的公园和小河。”

商人惊讶地说：“真的吗？真是太好了，我们明天就去看看吧！”

结果，商人痛快地买下那间房子。

房产经纪为什么能轻易说服商人？并不是运用了口灿莲花的说服，也不是运用了华而不实的推销术，关键在于他运用了心理擒拿的方式。他首先摸清商人的心理，知道他最中意的还是这间房子。然后，通过提问的方式，一步步地引导商人正视内心的想法，说出他想要说的——购买隔壁那间房子。

可见，让对方提出需求，可以让我们的说服有更好的效果。这是一种非常高明的说服策略，先用题外话“引诱”对方，再让他们说出自己的意见，这样就可以把自己的想法变成他们的想法。这种心理一旦产生，对方会很快接受说服者当初提出的意见。这个时候，这个意见已经变成说服对象自己的了。

试想，说服别人，我们可能需要一些时间和精力，说服自己就轻松很多。当对方提出我们所需要的，我们再进一步说服，就相当于让他们自己说服自己，岂不是简单很多？

魏阳是一家杂志社广告部的业务员，平时负责平面广告的销售。在杂志社，他可以说是广告销售的传奇，业绩是同事的几倍。

当有人向他请教经验的时候，他说："我一定要和对方见面以后才能想出办法来，在电话里很难把事情说清楚。只要我和广告主见了面，我就有信心找出一个让他非接受不可的理由。"事实正是如此。很多其他业务员在电话里多次没有达到说服目的的人，只要与他见了面，绝大多数人会被他说服，在其杂志上做广告。

那么，魏阳是如何说服客户的呢?

实际上，他的方式并不复杂：他总是想尽一切办法与说服对象见上一面，但见面后却不提广告赞助的事情，而是用渐进的方式同对方拉"家常"，尽量使话题越谈越投机。但是，在有意无意中，他总会把对方的思维往广告上带。比如，提及媒体广告的局限、某品牌广告的创意等。

谈话过程中，对方通常会就某一问题谈及自己的看法，说："你这样一提，使我想起某某问题，你认为如何？"其实，这个问题正是魏阳事先想要和他谈的，只是他不主动谈及，而是等对方开口。等到对方说出这句话的时候，他会说："你的意见非常特别，不知可否按照你的意见开始对贵公司的宣传呢？"这种情况下，客户通常会爽快答应，这是他们自己的意见，怎能反驳呢!

说服一个人，最好的方式是让对方说出你需要的，用语言的智慧引诱他人进入自己的"圈套"。你不需要拿着明晃晃的剑攻击，只需要把对方推到前面，一切问题便可解决。可以说，这是一种非常巧妙的"洗脑术"，可以在无形中攻破他人的内心防线，达到自己的说服目的。

第六章 当众说服，声情并茂才能感动听众

当众说服，尤其是演讲，是一项目的性非常明确的活动，获得被说服者的认同至关重要。想要实现这一目的，我们必须让话语具有吸引力、感染力，做到声形并茂，掷地有声。

巧设悬念，一开头就吸引听众

聊天的时候，有人喜欢谈论车子，有人喜欢谈论房子，有人喜欢谈论军事，有人喜欢谈论政治……还有些人，看起来似乎不爱说话，总是沉默不语。其实，事实不是如此。他们之所以不爱说话，是因为没有谈到他感兴趣的话题。要是遇到他感兴趣的话题，他们肯定能侃侃而谈，大方地说出自己想说的。

这是不是说，只要能了解对方对什么的话题感兴趣，我们就可以轻松地说服他人吗？当然不是！想要说服他人，我们需要引起对方的好奇心，通过设置悬念吸引对方的注意力，如此一来，对方的兴趣才能被激发出来，达到我们的说服目的。每个人都具有好奇心，对未知事物存在好奇。

某位大学教授非常受学生欢迎，他的选修课时常座无虚席。

他讲课从来不枯燥、无趣，总是能调动学生的积极情绪。

一天，他刚步入教室，便对学生说："请问同学们，你们知道男生和女生回到宿舍时，摸钥匙开门的动作有什么不同吗？"

一下子，台下的学生都被这个问题吸引了，开始讨论起来。片刻之后，有的学生举手回答，有的干脆掏掏口袋，模拟一下自己回宿舍时找钥匙的动作。

等到学生议论完毕，这位教授才继续说话："据我观察，大多数女生在上楼梯时，手就在书包里摸摸索索，走到宿舍门口，凭感觉捏住一大串钥匙中的一把钥匙，往锁孔里一塞，正好门开了。大多数男生则匆忙地跑到宿舍门口，'砰'的一脚或一掌，门不开，于是想起找钥匙。摸了书包摸裤袋，摸了裤袋又摸衣袋，好不容易摸到钥匙串，把钥匙往锁孔里一塞，打不开，原来钥匙摸错了。"

教授的描述，让学生都笑了，甚至还有的学生不住地点头，赞同他的意见。见学生的兴致被勾起来，教授开始进入正题，说："这其实涉及细节方面的问题，只有关注细节的人，才能准确掌握男女生回宿舍摸钥匙开门的不同。我们的写作也需要细节，只要我们对生活有细致的观察，才能发现与众不同之处，写出生动、有趣的文字。所以，我们今天要讲的内容就是细节描写……"

这位教授的讲课非常有意思，他把枯燥的内容生动化。最重要的是，他利用一个生活中的问题，为学生设置悬念，这也很好地引起他们的注意，激起他们的听课兴趣。这就是这位教授受欢迎的原因。

试想，如果这位教授一上来就说“同学们，我们今天讲细节描写”，接下来就开始讲什么是细节描写，需要注意什么，如何能更好地掌握这个问题，恐怕学生早就昏昏欲睡了！

设置悬念，抓住被说服者的好奇心，这是当众说服的关键。试想，对方连对你的话都不感兴趣，又怎能被你说服呢？当然，设置悬念的方式，不仅仅靠提问，倒叙也可以起到同样的效果。

很多高超的说服者、演讲者，会选择倒叙的方式吸引他人的注意。因为直接说出结论，会让听众猛然一惊，从而急于想要知道这个结论是如何来的，为什么说服者、演讲者这样说？

不妨看看一位高超的说服者的演说吧。他是以这种方式开头的：

在82年前，正是这个时候，伦敦出了一本被社会公认为不朽的小说杰作，很多人称它是“全球最伟大的一本小说”。该书出版之初，伦敦市民在街头巷尾、朋友相遇，都要彼此问一声：“你读过这本书吗？”答案一定是：“是的，我已经读过了。”

这本书出版的第一天，便销出1000册，两星期内共销出15000册；以后又再版许多次，世界各国都有了译本。几年前，大银行家摩根用高昂的价格买到这本书的原稿，现在这本原稿和摩根其他的无价宝物，一并陈列在纽约市的美术馆。这部世界名著是什么？它就是狄更斯著的《圣诞节的欢歌》。

如果你是被说服者，是不是一开始就能被吸引，对“全球最伟大的一本小说”产生兴趣，想知道它究竟是哪本，作者是谁。就是因为它勾起你的好奇心，使你的心仿佛悬在半空中，所以想要急切地听下去，并且全神贯注。

当然，我们还可以采取说故事的方式，这比简单的陈述更具吸引力和悬念。

美国著名牧师康维尔把他的《遍地黄金》演说了6000次之多。这篇演说就是以一则故事开场的：1970年，我们沿着土耳其底格里斯河顺流而下，走到巴格达城时，便雇了一个向导，领我们去看西坡里斯、巴比伦……

每当听众听到这里，都会坐直身子，竖起耳朵。接下来，康维尔的演讲就可以起到很好的效果，不仅能感染听众，更能实现自己的目的。

还是那句话：未知的事物，往往具有致命的吸引力。巧妙利用好奇心，我们可以通过多种方式设置悬念，这对我们的说服目的非常有帮助。

所以，在说服他人之前，不妨问问自己，我的话题具有吸引力吗？是否能引起对方的好奇心？我应该如何设置悬念呢？

当我们真正学会这些，就可以让对方对我们的话题产生极大的好奇心，轻松进行说服。

长话短说，不拖沓，不啰嗦

俗话说得好："兵不在多而在精。"同样，话不在多而在精。说出一句算一句，句句都能说到点子上，那才叫会说话。尤其是对说服来说，每句话都显得"价值万金"。我们不需要滔滔不绝，把其演变成一种纯耐力的角逐。

事实上，啰嗦，没有主题，不仅会削弱你话语的力量，还会让对方感到厌烦。大多数有力量、有感染力的演讲，时间并不长。比如，富兰克林·罗斯福在珍珠港事件之后向全国发表的演讲用时7分钟；里根对"挑战号"惨剧做出的回应演讲用时4分钟半；撒切尔夫人针对里根的感人颂词演讲用时7分钟……

高超的说服者不会靠时间取胜，更不会靠"软磨硬泡"取胜。他们会把握好时间，在最短的时间内说出自己的想法；不会让观众睡着，而是用简洁的语言表达信息中的精华。

试想，如果一个人在说服时绕了很多弯，讲了很多道理，却一直没有说到实质内容，你会表现出怎样的情绪?

有这样一个故事，说的就是这个道理。

众所周知，马克·吐温是一位惜时如金的作家，他把绝大部分时间花在写作上，希望能更大限度地利用时间。他非常厌恶浪费时间的人，觉得浪费时间就是浪费生命。

有一次，马克·吐温到教堂里听牧师做号召募捐的演讲。这位牧师的知识极为渊博，口才也很好，演讲起来声形并茂，非常吸引人。

开始时，马克·吐温觉得牧师讲得非常出色，想要过一会儿，等到牧师讲完之后就去捐款。不过十分钟后，这位牧师的演讲还没结束，甚至还没有讲到募捐上面。

马克·吐温有些不耐烦，觉得这位牧师很啰嗦，东拉西扯，总也讲不到正题。他改变了主意，决定等一会儿只捐一些零用钱。他又耐着性子听了十分钟，牧师还没有讲完，刚刚讲到募捐。这时候，他的忍耐已经到了极限，牧师讲的是什么，他没有兴趣听了。他又改变了主意，决定一分钱也不捐。

终于，牧师讲完了。马克·吐温的忍耐到了爆发的边缘。他愤怒地离开，不仅一分钱没有捐，还从盘子里拿走两元钱。

我们知道，马克·吐温绝不是小偷。他之所以拿走两元钱，是因为他觉得这位牧师太啰嗦，一直在闲话家常，浪费了他的大把时间。

慈善募捐本来是一场很容易打下来的“说服战”，只要能够调动听众的情绪，然后再切入主题，号召听众捐款就好了。可是，这位牧师只顾说闲话，完全没有顾及自己的啰嗦已经让听众不耐烦了。

我们只能说，就算这位牧师的口才再好，他的演讲也完全无法进入听众的耳朵，他地说服无疑是失败的。

所以，我们应该明白，说服不是闲聊，不是定一个主题就可以天南海北地聊。朋友间的闲聊在于联络感情和消遣，只要彼此有话题就可以，不用管是否偏离主题，更不用管时间长短。很多时候，这种聊天式的消遣，时间越长，效果就越好。

说服，尤其是在演讲时，我们必须直奔主题，在最短的时间内表达自己的看法，感染听众，让他们赞同我们，按照我们的意愿行事。

在演说史上，《葛底斯堡演说》是美国总统亚伯拉罕·林肯最著名的演说，也是美国历史上为人引用最多的政治性演说，它是为了哀悼在长达5个半月的葛底斯堡之役中阵亡的将士。林肯的演讲全文很短，但很值得回味：

87年前，我们的先辈们在这个大陆上创立了一个新国家，它孕育于自由之中，奉行一切人生来平等的原则。

现在，我们正从事一场伟大的内战，以考验这个国家，或者任何一个孕育于自由和奉行上述原则的国家是否能够长久存在下去。我们在这场战争中的一个伟大战场上集会。烈士们为使这个国家能够存在下去而奉献了自己的生命。我们来到这里，是要把这个战场的一部分奉献给他们作为最后的安息之所。我们这样做，是完全应该而且非常恰当的。

但是，从更广泛的意义上说，这块土地我们不能够奉献，不能够圣化，不能够神化。那些曾在这里战斗过的勇士，活着的和去世的，已经把这块土地圣化了。这永远不是我们微薄的力量所能增减的。

我们今天在这里所说的话，全世界不大会注意，也不会长久记住，但勇士们在这里所做过的事，全世界却永远不会忘记。毋宁说，倒是我们这些还活着的人，应该在这里把自己奉献于勇士们已经如此崇高地向前推进但尚未完成的事业。倒是我们，应该在这里把自己奉献于仍然留在我们面前的伟大任务——我们必将更能从英魂那里汲引壮志，奋发忠诚，来完成他们已经完全彻底为之献身的事业；我们要在这里下定最大的决心，不让这些死者白白牺牲；我们要使国家在上帝的福佑下必将在自由上重获新生，一个民有、民治与民享的政府必将在世界上永远立于不败之地。

通篇演讲没有超过两分钟。据说当时一位摄影师想替林肯留下一张他讲话时的姿态，但还没有等他把笨重的摄影机弄好，林肯就已经讲完了。短小的篇幅并不妨碍它成为一篇绝好的演讲，这篇演说词结构严谨，自然和谐；句式错落有致，富于变化；措词精美，每句都显得十分朴实优雅。

美国19世纪的政治家萨姆尔说："林肯的那次演讲，直到葛底斯堡大战被人们遗忘，它还会存在的。而且，将来有一天，假使这场战争再被人们想起，大半是由于林肯的演讲词。"

正所谓，宁可只给一个人影响深刻的思想，也不要在50个听众前讲听完就忘的思想；宁可牢牢地敲进去一根钉子，也不要轻松地按上几十个一拨即出的图钉。想要达到这种效果，我们一定要做到长话短说，不拖沓，不啰嗦，直奔主题。

直入主题式的说服，简短有力，一语中的，不拐弯抹角，就像打高尔夫球一样，目光通常集中在球上，一击即中。

当然，我们需要注意两个问题，那就是不要急躁、言不达意，否则会影响说服效果；不要采取强硬的方式，否则只能适得其反。只有如此，说服才更有效果，更具力量。

言为心声，用感情来感动听众

毫无疑问，感情是一扇大门，如果找到并抓住感情的共通点，和说服对象一起打开这扇大门，成功就已经很近了。

这是因为，人类是最具情感的动物，我们日常所做的一切都充斥情感的因素。任何打动人心的力量，都来自内心的情感。那么，如何巧妙地利用情感来打动别人，进而说服别人呢？

最关键的一步，就是找到双方的感情共通点。简单来说，你和对方都对某件事物或事情都有感情，这个事物和事件就是你们感情的共通点。这种说法实在有点抽象。不过不要紧，我们举几个例子，就可以很好地说明这一点。

比如，你和对方都是某大学毕业的学生，对母校有着深厚的感情，对老师有着感恩之情，母校的一草一木、一人一物都是你们感情的共通点。再如，你和对方都喜欢看一部电视剧，喜欢那位男主角，这个电视剧和男主角就是你们的感情共通点。有了这些共通点，你们聊起来自然意趣盎然，言语投机，说服就不是什么难事。

所以，感情共通点就是双方感情共通的地方。在说服过程中，只要我们能抓到这一共通点，便可以用感情来感动听众，轻松实现自己的说服目的。

一名小说家说："热情是每个艺术家的秘诀，而每位演讲家都应当是一位艺术家。这是一个公开的秘诀。如同英雄的本领一样，是不能拿假武器去冒充的。"情不深，则无以惊心动魄，得到别人的赞同。

现在很多说服者，尤其是演讲者，站在演讲台上总是拿着稿子念，或是背诵稿子，他们自认为说得很有道理、有说服力。可结果如何？他们始终没有投入真感情，更没有找到与听众的情感共通点，所以只能得到寥寥无几的掌声，听众也是一脸倦意。

在卡耐基的培训班中，有一个名叫马热维兰的年轻学员。在参加培训班之前，他是一家公司的职员。虽然他是一个精力充沛、热情洋溢的人，但他的言行往往感动不了别人。

一天下课后，马热维兰带着疑惑，找到卡耐基先生。他说："老师，我在演讲时爱讲些小笑话，往往也能引起人们的笑声，却收不到很好的效果，您认为应该怎么改进呢？"

卡耐基意味深长地说："问题正在这里。你体现了你的热情，这可以使你立于不败之地，但一些并不幽默且会使你的演讲逊色的玩笑往往会适得其反。因此，摒弃那些玩笑吧，勇敢地表现你的真诚，你就会走向成功。”

是啊！虽然幽默的小笑话可以调动气氛，博得听众一笑，但马热维兰的玩笑并没有触动听众，让听众产生共鸣，所以他无法赢得听众的肯定。若是他想要让幽默起到效果，就应该抓住与听众的共同点，说一些有共鸣的笑话。比如，他的说服对象是北方人，他能说一些北方民俗、与历史有关的小笑话，是不是就能引起共鸣？

正如卡耐基所说，你用自己的感情调动对方的情绪，让彼此的感情相通，得到一个情感层次，共鸣一定会产生，说服自然会成功。

善于说服的人，内心是细腻的，能够在需要的时候设身处地地站在他人的立场思考问题，这样的人绝不会主观，更不会以自我为中心，他们会坦诚地将自己内心的想法传达给对方，更会从对方的情感出发，找到与对方的感情共通点。

历史上著名的触龙说赵太后的故事，就是抓住双方感情共通点的经典。

赵孝成王元年，新君年幼继位，赵太后执政。当时的赵国，虽然有廉颇、蔺相如等人辅佐，但国势大不如从前。秦国看到赵国国内动荡，孝成王又年少无知，认为有机可乘，于是调兵遣将急攻赵国，并一举攻占赵国的三座城池，赵国危在旦夕。

没有办法，赵太后只得向齐国求救。齐国国君却要求赵太后把最喜爱的小儿子长安君送去做人质，否则将拒绝派兵。赵太后爱子心切，断然拒绝齐国的要求。

这件事让大臣非常着急，于是他们极力劝谏，想要说服赵太后。三番五次之后，赵太后明白地告诉身边的近臣："有再说让长安君做人质的人，我一定朝他脸上吐唾沫！"

太后都这样说了，自然没有人再敢劝说。可是，如果不能说服赵太后，将会危及赵国安危。左师触龙非常着急，他打算说服赵太后。太后知道这个消息，气势汹汹地等着他。

触龙缓慢地小步快跑，到了太后面前向太后道歉说："老臣的脚有毛病，连快跑都不能，很久没来看您了，非常失礼。私下里自己原谅自己，却又担心太后的贵体有什么不舒适，所以想来看望您。"

看到触龙老态龙钟的样子，赵太后不忍苦着脸，感慨地说："我们都老喽！我全靠坐车走动。"

触龙关切地说："是啊！我们都老了，您现在每天的饮食该不会减少吧？"

赵太后叹口气说："每天这么多烦心事，哪里吃得下，我只是吃点儿稀粥罢了！"

触龙接着说："是啊！每天这么多烦心事，我也是什么都吃不下！我现在特别不想吃东西，只能勉强自己走走，每天走上三四里，慢慢地增加点食欲，这样身上也比较舒适些！"

“唉！我可做不到这些！”太后说。这个时候，她脸上的怒色已经差不多没有了。

看到赵太后脸上怒色消散，触龙用恳求的语调说：“太后，我的儿子舒祺，年龄小，又不成才。现在我老了，私下里疼爱他，希望能让他替补上侍卫的空额，来保卫王宫，也算为国家出些力。我冒着死罪来请求太后，希望你能应允。”

赵太后点点头说：“可以啊！他多大了？”

触龙说：“十五岁了。虽然还小，但我希望趁自己还没入土就托付给您。”

赵太后笑着说：“你们男人也疼爱小儿子吗？这可很稀奇！”

触龙说：“当然疼爱了，而且比女人还厉害！”

赵太后脸上的笑意更甚，笑着说：“不对吧！女人疼爱小儿子才更厉害！”

这时候，赵太后刚开始的那股怒气已然完全没有，她一直沉浸在对孩子的爱里。看到时机成熟，触龙立马转换话题，说道：“老臣私下认为，您疼爱燕后就超过长安君。”

“这怎么可能？你肯定错了！我也疼爱燕后，但绝不像疼爱长安君那样厉害！”

触龙说：“父母疼爱子女，就得为他们的长远考虑。您送燕后出嫁的时候，拉着她的脚后跟为她哭泣，这是惦念并伤心她嫁到远方，也够可怜的。她出嫁以后，您并不是不想念她，可以说是非常想念。但您祭祀时，一定为她祈祷说：‘千万不要被赶回来！’难道，您这不是为她做长远打算，希望她生育子孙，一代一代地继承王位吗？”

赵太后点点头说：“你说得很对，正是这样！”

触龙又说：“从这一辈往上推，到三代以前，甚至到赵国建立的时候，赵国君主的子孙被封侯的，他们的子孙还有能继承爵位的吗？”

“没有。”赵太后说，“确实已经没有了！”

“不只是赵国，其他诸侯国君被封侯的子孙，他们的后继人有还在的吗？”触龙说。

赵太后回答：“我没听说过，没有了！”

触龙继续说：“他们当中，祸患来得早的就会降临到自己的头上，祸患来得晚的就会降临到子孙头上。难道国君的子孙就一定不好吗？当然不是！这是因为，他们地位尊贵而没有功勋，俸禄丰厚而没有功劳，占有象征国家权力的珍宝太多！这好比您现在把长安君的地位提得很高，又封给他许多肥沃的土地，给他无数的珍宝。但是，您却不趁现在这个时机，让他为国立功。想想看，一旦您去世，长安君凭什么在赵国站住脚？所以我觉得，您为长安君打算得太短了，疼爱他比不上燕后！”

他的一席话说服了赵太后，使得赵太后改变想法，同意长安君到齐国为人质，让他为解决赵国的危机出力。齐国很快出兵，击退了秦国大军。至此，赵国平安了。

可以说，触龙是个真正的说服高手。他之所以能说服成功，是因为找到了双方的感情共通点，从情感着手。他也找到他和赵太后的两个感情共通点，即他们都是老人，有着对岁月无尽的感怀；他们都是父母，同样深爱自己的孩子。

所以，想要说服他人，其实并不难。找到彼此的感情共通点，然后用感情来感动对方，不管是面对面说服，还是演讲式说服，都将使你的话语更有说服力。

运用肢体语言
增强表达力

与面对面的说服不同，演讲、讲课等当众说服，其实是一种信息传递的过程。缺少彼此间的语言沟通，若是说服者不能很好地处理自己的语言，触动听众的情绪和情感神经，就很难说服他们。

如果说服者在说服过程中，能够正确使用身体语言，尤其是手势和动作，就可以使铿锵有力的语言更具表现力、感染力，从而大大提高听众对说服的感知度、认同度。一位语言学家说过："手势可以缩短你和听众之间的距离，让你的重要观点更突出，并且让听众的情绪受到影响。"

如果我们仔细观察就会发现，很多出色的演说家的身体语言非常丰富，他们的眼神、手势、动作更具表现力。比如，当他们说到激动之处时，眼神坚定，挥舞双手，身体前倾，气场强大，非常富有感染力。

两千多年前，马其顿国王亚历山大大帝运用强有力的手势，带给士兵无穷的力量，指挥他们横扫整个欧洲大陆。

为了扩张自己的领土，争霸整个欧洲，亚历山大指挥着军队来到欧洲内陆。由于多日来的长途跋涉，再加上饥饿、缺水，全军陷入濒临崩溃的危险境地。

亚历山大认为，如果此时不能鼓舞将士的士气，不仅无法征服欧洲大陆，还可能导致全军覆没。于是，他坐在高高的马背上，情绪激昂地说："勇敢的将士们，你们是所向披靡的勇者。虽然我们陷入困境，但只要我们继续前进，就一定能够找到水源。"

说完，亚历山大大帝高高地举起右手，然后迅速有力地挥下，并高喊："勇士们，勇敢前进吧！"慷慨激昂的话语加上强劲有力的手势，给人一种锐不可当的强大气势，让全军将士情绪激昂，并且充满信心和力量。

无独有偶。伟大导师列宁在演讲时，也最喜欢用手势来表达自己的情绪，他最常用的手势就是：左手大拇指横插于腰间，有力地挥动右手。令人情绪激动的话语，再加上这样强有力的手势，好像具有神奇的力量，指引我们勇敢前进。

当革命军攻下冬宫时，列宁站在讲台上，面对成千上万的群众，他身体微微前倾，右手有力地向前挥舞，并且鼓舞着人们"前进、前进"。一时间，群众的情绪被点燃，他们仿佛感觉到一种巨大的力量，促使自己战胜一切困难，奋勇前进。

这就是手势的力量。它无形地加强语言的感染力，使得我们的话语更有力量。甚至有时候，一个强有力的手势要比语言更具号召力和煽动力，能够让人们情绪激昂。

所以，不管什么时候，我们千万不要忽视手势的作用。用活了手势，话语就会更有冲击力和感染力。尤其是演讲的时候，演讲者通常在说到慷慨激昂时，借助积极的手势，挥舞双手，或是高高举起右手，表达自己的情感，调动听众的情绪。这往往可以起到很好的效果。

当然，说服者想要实现自己的目的，就应该真诚、自然地表达情感，而不是刻意设定自己的动作或者手势。这会使说服者看起来像是在表演，感觉不自然。也就是说，如果想要自己的动作或者手势更有力量，自然一些就可以。就像平时说话一样，自然的力量更加强大，这需要我们充满信心。

在说服他人的过程中，应该避免哪些手势呢？

不要在演讲台上指指点点，这会让人觉得你不是在讲述一件事情，而更像是在骂人；不要没完没了地重复相同的手势。即便是最能表现演讲者力量的手势，如果使用过度，也会丧失它的力量；不要将双手交叉放在身体的前下部，这会让人觉得你很虚弱和害怕；更不要两手交叉，放在肚脐眼上处，然后相互揉搓。这些动作代表紧张和优柔寡断，减弱言语的力量。

同时，要想在听众间产生强大的号召力，首先要学习站立。站立有一定的技巧：双脚距离与臀围一致，这样能够将自身的体重前后均匀地分布在两只脚上；不要双膝并拢，这种姿势在身体紧张时会使得双腿抖动得更加厉害。此外，挺起胸膛，下巴微微下倾，头尽量抬高，手放在身体两侧。

或许你一时间难以适应这样的站立方式，觉得有些不自然。但事实是，并不是因为这种姿势不自然，而是你还没有完全习惯。当你习惯了这种站立姿态，你的演讲看起来会更自然，更有力量。

总之，演讲过程中，没有表情和手势，再动听的话语也缺乏感染力。若是表情和手势处理不好，听众也很难被说服。

讲道理，永远不如讲一个好故事

很多说服者有这样的感受：说服过程中，无论自己怎么说，听众都提不起情绪。看着“死气沉沉”的听众，自己的情绪自然越来越差，最后寥寥几语就结束说服。这正应了一句话：氛围好了，说服就成功了一半。氛围不好的话，不论你的口才再好，沟通技巧再高明，也会让听众存在排斥心理，或是抵触情绪，导致说服效果事倍功半。

其实，说服并不是讲道理，尤其是演讲这样的当众说服，若是无法活跃气氛，调动听众的情绪，说服者越是滔滔不绝，听众就越厌烦；说服者越是讲深刻的道理，听众就越昏昏欲睡。

若是我们会讲故事，就可以让话语不再言之无物、空洞稀松，而是生动精彩、言之有物。试想，你滔滔不绝地讲半小时，却只是为了说一个道理，怎能让听众听进去呢？若是你讲一个有趣的故事，然后在故事结尾点出主题，阐述这个道理，是不是可以起到更好的效果？

一家公司生产出一种新的化妆品，叫作兰牌绵羊油。公司的一位推销员在推销绵羊油时，没有向客户讲绵羊油含有多少微量元素，是用什么方法生产出来的，而是讲了一个动人故事：

很久以前，有一个国王，他是一个美食家，有一个手艺精湛的厨师，能做出香甜可口的饭菜，国王对他十分满意。有一天，这位厨师的手莫名其妙地红肿起来，做出来的饭菜再也不像以前那么好了。国王十分着急，下令御医给厨师治病，可御医绞尽脑汁也弄不清楚这个病是怎么得的。厨师只好含泪离开王宫，开始了自己的流浪生涯。

后来，一个好心的牧羊人收留了这位厨师。这位厨师每天和牧羊人风餐露宿，放羊为生。放羊时，厨师就躺在草地中，一边回想着过去的故事，一边用手抚摸着绵羊以发泄心中的悲愤。夏天到来的时候，他帮助这位牧羊人剪羊毛。

有一天，厨师惊奇地发现自己手上的红肿不知不觉地消退！他十分高兴，告别了牧羊人，重新来到王宫，只见城墙上贴着一张红榜，国王正在招聘厨师。这个厨师揭了皇榜前来应聘，这时人们早已认不出衣衫褴褛的他了。

国王品尝了他做出的饭菜以后，觉得香甜可口，简直和以前那位厨师做的一样好吃，就把他叫了过来，发现他就是以前的那位厨师。国王非常好奇地问这位厨师手上的红肿是怎么消退的。厨师说不知道，国王详细地询问了他离开王宫后的情景，断定是绵羊毛使厨师手上的红肿消退了。

这时推销员话锋一转，说道："我们就是根据这个古老的故事开发出了绵羊油。"然后，很自然地进行产品推销。看吧，一个好故事就是有这样的效果。

美国纽约"成功动机研究"主持人保罗在进行大量研究后发现：优秀的推销人员会巧妙地利用人们喜欢听故事的心理取悦客户。一个有趣的故事可以轻松调动听众的情绪，让听众更愿意听我们说话，从而实现说服目的。

推销说服是如此，演讲说服更是如此。

我们想要说服对方，必须使自己的语言更精彩，更具有感染力。用有趣的故事代替枯燥无味的大道理，用生动的描述代替流水账式的描述，并在语言中"植入"代入感，就更容易诱发听众的联想，唤起共鸣，从而使得说服的感染力大大提高。

不妨看看这个故事：

马先生是一位社区工作者，有一次为了宣传见义勇为，在某小区进行演讲。他没有讲大道理，也没有引经据典，而是说了一个生动的小故事：

亲爱的朋友，前几天发生一件了不得的事情！你们知道吗？一位年轻的小伙孤身一人，抓住一个小偷，为失主挽回财产损失。

那是大前天中午12点左右，天气很好，小伙到中山公园与女朋友约会。正在他等女朋友之时，看到一个人到前方饮料亭那儿买饮料，并把身上的包放在脚边。之后，另一个人悄悄地走到他身后，开始东瞧西看，假装和老板要报纸看。

小伙开始没发现异常，突然听见有人高喊一声："我的包呢？就放在脚下，怎么不见了！"

小伙一听就知道是后来那人偷了包，他立即上前告知，并且与丢包人一起追偷包的人。由于小伙观察了两人一会儿，所以他知道偷包者的身形和衣着，很快两人就追到了偷包者。

小伙大声一叫：抓小偷！说时迟，那时快，他像箭一样地冲过去，由于跑得太快，还差点摔了一跤……

最后，小伙帮丢包人追回包，还报了警，帮忙录了口供。虽然耽误了和女朋友约会，但女朋友却没有生气，反而夸他有胆量，乐于助人。之后，小伙见义勇为的行为在公司、小区传开，他俨然成为人人称赞的好青年。

最后，马先生点出这次演讲的主题：见义勇为是一种美好的品德，我们应该学习小伙，把见义勇为的好品德传下去。当然，我们见义勇为时，也应该保护好人身安全，不能逞强，而应该多动脑筋。采取聪明的方式……

接下来，马先生又讲了两个小故事：一个是关于小学生见义勇为，却害得自己受伤的不幸故事；另一个是女孩机智报警，惩治坏人的故事。马先生的演讲非常成功，听众反响强烈，提高了见义勇为的意识。

说 服

讲一个好故事，远比滔滔不绝地讲大道理更有说服力。想要提高说服的感染力，就应该做到言之有物，用好故事吸引听众，调动他们的情绪。

去时要比来时美，给说服一个完美的结尾

说服他人，开场非常重要，它可以让我们瞬间吸引听众，给我们的说服开一个好头。当然，想要说服起到更好的效果，我们不能忽视结尾。只有巧妙结尾，才能让说服画上完美的句号。

事实上，很多说服者注重开头，在开头花了很多功夫，却忽视了结尾，认为结尾并不重要。结果，因为虎头蛇尾，导致听众反响并不热烈，说服效果没有预期那么好。

那么，如何给说服一个完美的结尾呢？

对说服来说，尤其是演讲，结尾起到总结全文的作用。若没有一个好结尾，听众很可能忘记之前的主题，使得说服效果大大减弱。

有的演讲者以为自己之前该讲的都讲了，听众应该把自己说

的要点都印在脑子里，和自己一样清楚明白，实际上不然。演讲者对自己要说的话，思考过很多遍，而听众在听讲前对这个看法完全是陌生的。若是我们不能在最后强调主题和重点，听众就会忘却之前的要点，只记住最后一点。

听众连你讲什么都忘记了，又怎能被说服呢？所以在结尾，我们一定要强调主题，明确地把要点列举出来。

一位交通经理在演讲结尾时总结了自己想要说的重点。他说："总之，根据我们在工厂操作这套信号系统的经验和在东西部、北部使用这套机器的经验，证明它不但操作简单，而且准确度高。再加上它在一年内阻止危险事故发生而节省下来的钱，使得我以最急切和真诚的心情为大家提出建议：立即在我们的南部分公司采用这套机器。"

这个结尾的成功之处在于，即使听众没有听到或者没有听懂他在演讲中说了什么，但这里完全地总结进去了。他将繁杂的内容用几句话概括清楚。这种方法对于说服听众非常有效。

另一位演讲者则这样结尾："最后，谢谢大家能够听我说这么长时间。其实，理财的重要性、有哪些理财渠道、如何理财、用理财来投资，都和我们息息相关！只要大家能充分理解，下一个巴菲特就是你！谢谢！"这样的结尾帮助听众重新梳理演讲内容，在说服者的提醒下，听众会回想起所有内容，从而感到受益颇多。如此一来，自然就会更加重视理财。

当然，结尾的方式有很多，我们没有必要照本宣科，完全按照上面的方式来总结。我们还可以用幽默的方式来结尾。幽默的方式有独特的好处，尤其是对较为沉重的话题，更应该适当调节听众的情绪。

很久之前，一位叫路易乔治的教士，在为约翰·维斯雷重修坟墓的严肃仪式上，面对众多公理会教徒，就采用幽默的方式结束自己的演讲。

他说："最后，我代表约翰·维斯雷的家人，向大家表示感谢。我希望，大家能让他的坟墓永远干净。假如你们让他的坟墓残破不堪，那真的是故意和他作对。你们还记得当他走过一间住宅时，一个小女孩跑到门口向他喊道'上帝保佑你，维斯雷先生'，他是怎样回答的呢？他答道：'年轻的女孩，如果你的脸和围裙再干净点儿，你的祝福将更有价值。'"

听到这里，听众忍不住笑起来。路易乔治继续说："这便是他对于不整洁的厌恶感，不要让他的坟墓不整洁！假如他的灵魂经过此地，看见坟墓不整洁，将会比任何事更令他伤心。务必好好地看护它，这是一座值得纪念和尊崇的坟墓，这是你们的责任。"

立刻，众人发出"是"的欢呼声。

路易乔治教士的语言风趣幽默，同时又表达出对约翰·维斯雷先生的尊敬，自然受到听众的欢迎，同时也说服人们"务必好好地看护约翰·维斯雷先生的坟墓，不要让他的坟墓不整洁"。

我们还可以运用"升降法"进行结尾。降升法要求非常有声势，语气一句比一句重，声调一句比一句高，从而给听众带来一种震撼。

美国前总统林肯就用这种方法，以哥伦布、耶稣、摩西、亚当等生活的年代，与尼亚加拉瀑布一一相比，最后赢得听众的感动：

当哥伦布最初发现这块大陆，当耶稣基督被钉在十字架上，当摩西率领以色列人渡过红海……啊！甚至亚当从救世主的手里出生，从那时到现在，尼亚加拉就在这里怒吼。从那样久远的年代起，尼亚加拉从未静止，从未枯竭，从未睡去，从未休息！

同时，我们需要注意，以免让不恰当的结尾削弱说服的力量。真正完美的结尾是画龙点睛，绝非长篇大论。所以，我们应该压缩语言长度，尽可能一句话“解决战斗”；结尾的语言要透出情意，这最能打动听众的心，也是一种最完美的结尾方式。运用这种结尾，我们的态度必须诚恳，不要谄媚。否则，听众就会觉得这席话并非发自内心，你不过是个虚伪的“演员”。

总之，完美的结尾，可以让听众感到余音绕梁三日不绝，被你的话语所感动。正所谓“去时要比来时美”，注重开场的同时，也给说服一个完美的结尾！

第七章 强化训练，快速锻造超级说服力

人际交往其实是说服与被说服的过程，不是你说服别人，就是别人说服你。为什么你总是无法说服别人呢？关键在于你没有掌握说服的技巧。赶紧强化训练吧！只要你能掌握这些技巧，便可以成为一个高超的说服者。

找到突破口，
成功掌握说服术

生活中有一部分人，总是很容易说服别人；还有一部分人，总是很难说服别人。不同的人处理一样的事情，往往会得到不同的结果。为什么会出现这种差别？追根溯源，就在于我们是否找到让别人相信我们的突破口。

如果我们能弄清楚别人为什么相信自己，然后再试图说服，就可以轻松实现自己的目的。也就是说，我们不仅要把自己的信息传递给别人，还要好好地把信息进行排列组合，让对方心甘情愿地答应你的要求，或赞同你的说法。

比如，你想让别人帮自己一个忙，凭什么呢？在你的思维里，别人肯帮你，一是看你的面子，二是看你给出的理由。这个理由，就是你的观点。所以，当你说服他人的时候，一定要考虑一些问题：我的话有什么依据？这话真的有说服力吗？怎么说别人才爱听？怎样才能更有说服力？只有把这些问题弄清楚，你才能真正说服对方。

剑桥大学心理学教授萨托·埃尔文做过一个著名的实验，它的背景取材于大学生的日常生活。许多学生在排队等着使用打印机，这时他让一个人走到队伍的前面，对大家说："很抱歉，各位能让我先打印吗？我赶时间。"这时大约六成的人允许这个人排到自己前面。

但如果这个人说："很抱歉，能让我先来吗？我需要打印好几份文件，这些文件急着用。"这时候，九成以上的人会同意让这个人先打印。

同样的对象，同样的信息内容，因为排列组合的方式不同，效果就大大不同。为什么？这是因为，在后一种说法里，"因为"一词起的作用尤重，正是这个词，让人们条件反射地答应他的条件。

所以，我们应注意一个问题，那就是在说服过程中，切不可把它看成简单的信息传递，而是应该考虑如何更好地把信息传递出去，如何更容易让对方接受我们的信息，产生赞同的想法。

信息不同的排列组合方式，对被说服者起到的说服作用，自然不相同。当然，信息的排列组合包括很多方面，如重要信息的筛选、时间点、立场等。这要看我们的语言组织能力，是否抓住对方关注的焦点。

说 服

除了好好传递我们的信息，说出让人相信的话，还需要把握自己这一关。如果说说服别人的过程是一部电影，你就是其中当之无愧的主角，你的“表演”至关重要。你试图说服别人，别人就要通过“你”这个信息传达者，了解到可以让自己信服的信息。

也就是说，我们自己关乎说服过程的成败。说服他人的过程中，我们只有把自己变成可信的传达者，对方才能相信我们的话，被我们说服。比如，一位交警告诫人们不要酒后驾车，人们肯定容易接受。但如果是一个从未开过车的农民告诫大家不要酒后驾车，肯定会有很多人嗤之以鼻。

总结出一句话就是：让自己站在可以让人信任的角度上，这是让别人相信我们的前提。不妨看看这个故事：

黄瑞大学毕业后成为一位推销员，工作任务是推销牙膏。黄瑞知道，做销售，口才最重要。对于这一点，他还是很自信的。大学期间，他是班里的辩论高手，出了名的能说会道。正因如此，对于做销售，他信心满满，相信只要自己努力，就没有说服不了的客户。

可是上班第一天，他就碰了钉子。他费尽口舌，终于得到和一位客户详谈的机会。可是，正当他卖力向客户推销时，客户却不耐烦地转身离开。一单生意，就此泡汤。

他百思不得其解，于是打电话向客户询问原因。客户最后说出原因：“我原本是打算和你签订合同的，但在你笑的时候，我却看到你整口骇人的黄牙。我不认为，一个满口黄牙的人，能卖出好牙膏。”

黄瑞失败的原因，就在于他的满口黄牙，让人产生不信任的感觉。所以，虽然他的口才不错，但却无法说服客户。事实上，只要我们稍微观察下，就会发现那些高超的说服者，不论从言行还是个人形象上，都能够给人一种舒适感、信任感。

人与人之间的信任感是很难产生的，若是你通过口才已经赢得别人的信任和好感，却因为个人形象、言行等方面功亏一篑，之前的努力就毁于一旦。之后恐怕再说多少话，都无济于事。

无独有偶，这里还有一位像黄瑞一样的推销员。他在一次技术交流会上结识一位客户，通过出色的口才让客户对自己的产品产生兴趣，并且约好时间进一步商谈。

那天阴雨连绵，推销员便穿上防雨的旧西装和雨鞋前去拜访客户。可他等了足足一个多小时，才得到与客户见面的机会。当他热情地与客户打招呼时，客户表现得非常冷淡，并且冷冷地说：“我已经知道这件事情，你一会儿和负责这事的人谈吧。”结果，生意自然没能谈成，推销员始终不明白哪里出了问题。

其实，最大的问题在于他自己，当时他穿着旧西装、雨鞋，这让自己看起来非常邋遢、随意。客户看着这样的他，自然对他的专业性、诚意产生质疑，又怎么愿意相信他的话呢?

所以，我们想要说服他人，就必须找到让对方信服的突破口。弄明白别人为什么相信我们，才能提高说服能力，练就高超说服术。

第一句话说好，你就成功了一大半

世界上最富权威的推销专家戈德曼博士强调，在面对面的说服中，第一句话十分重要。为什么呢？对方听第一句话时比听以后的话认真得多。第一句话直接决定他对你的认同度。

所谓认同度，是指人对自我及周围环境有用或有价值的判断和评估。每个人都需要和渴望被肯定，但很多人却得不到它，因为标准不适合自己。一个人如果得不到认同感，将会体验到更多的疏离感。

也就是说，若是我们的第一句话没有让被说服者产生认同，整个说服过程就会困难重重。对方不认同我们，就会下意识地疏离我们，我们说再多的话，所起到的效果，就不会那么明显。

所以，要想提高说服能力，必须学会说好第一句话，赢得对方的认同感。

周芳是一名刚入行的推销员。最近她很苦恼，总找不到客户。她把自己的烦恼讲给朋友听，并感慨道：“也许，我真的不适合做销售！”

朋友说：“不一定！能把你见某一客户时的经过说给我听吗？也许，我能发现些什么！”

周芳一听更沮丧：“哪里有什么经过！就像昨天去见客户，我对他说：‘王先生，对不起，周末还打扰您真不好意思。您现在有时间吗？’我只说了这句话，就被他给堵住了。他说：‘不好意思，我很忙，马上要离开了，下次吧！’”

朋友低头沉思，然后说道：“我明白了。其实，从一开始，你就已经让自己被动起来。你的第一句话，根本没有赢得对方的认同感，并且给了对方拒绝你的理由。你可以换种说法：‘王先生，周末见到您真高兴！请给我三分钟的时间可以吗？’你这样试试看，也许结果就会不一样。”周芳依言而行，果然顺利很多。

周芳刚开始为什么无法说服别人，就是因为她没有说好第一句话，没有拿下一个好的开始，没有通过这句至关重要的话赢得对方的认同感。她说：“对不起，周末还打扰您真不好意思。您现在有时间吗？”这句话是实足的败笔。她这样说，别人可能会想：“明知道是打扰，为什么还要来？”便有了疏离感。她又问：“您现在有时间吗？”无论别人忙不忙，有没有时间，如果心里有了排斥，都会告诉你自己很忙。这样一来，等于关上了门，交流就无法再进行下去。就算后面的说服准备得再充分，也没有用武之地。

之后，她改变了说话方式，对对方说："周末见到您真高兴！"这一句话无形中拉近与客户间的距离。谁不愿意别人见到自己高兴呢？她又说"请给我三分钟时间好吗？"就算别人很忙，也不忍心拒绝她的三分钟请求，因为她看起来那么的善解人意。所以，周芳很快就赢得对方的认同感，让对方愿意和自己谈下去，为接下来的说服打下良好基础。

说服最重要的就是攻心，第一句话的好坏几乎决定说服的成败。就好像我们唱歌一样，第一声就已经定下基调，曲调是高是低，节奏是快是慢。说好了第一句话，我们就会走进对方心里，让对方心甘情愿地接受我们。

当然，第一句话的形式不是固定的，而是多种多样，或是幽默，或者是新颖，又或是生动，抑或是热情、有礼貌。只要我们能够巧妙地赢得对方的认同感，就可以达到很好的说服效果。

某市举行的车展上，人来人往，雨菲正在和朋友闲逛，所有的汽车销售人员都在客气地发放名片，并简单地介绍自家汽车的特色、性能。

当雨菲和朋友走到一个品牌站台前的时候，销售人员立即热情地走上前来，客气地双手奉上自己的名片，说："女士，您好！我是XX品牌的销售人员。"

朋友故意板着脸说："我知道你们能说会道，善于把人夸上天。但我今天可没有想买车，你别想跟我说那些花言巧语，这些话对我根本没有用。”

如果换了其他销售人员，肯定会尴尬地走开。但是，这位销售人员没有被朋友的冷酷吓到，反而微笑着说：“女士，您说得太对了。很多销售人员喜欢花言巧语，目的就是把客户哄高兴了。很多客户也容易被花言巧语迷惑，我还是第一次见到您这样理智又有主见的客户。”

雨菲和朋友听了他的话便笑了起来，对他的好感也增加了。随后，销售人员又说：“两位女士，一看您就头脑冷静而又敏锐，而且有气质。像您这么气质的人就适合我们品牌的汽车。就算您今天没打算买车，但我还是觉得非常荣幸能够和您交谈一番。”

之后，雨菲和朋友便愉快地收下名片，她们还进入展区并和销售人员交谈起来。

显然，这位销售人员是聪明的说服者，他能够轻松地化解彼此的尴尬，并且让客户接受自己。虽然朋友是假装板着脸，且说“讨厌销售人员的花言巧语”，但销售人员并不知道实情。他巧妙地运用一句话恭维，扭转自己被动的局面，也赢得雨菲和朋友的认同。

可见，在说服过程中，第一句话真的非常重要。我们需要想方设法在“开始”就打好基础，为后面的说服计划服务。只要第一句话能赢得对方的认同感，我们就可以使对方渐渐放松警惕，由排斥到亲近，由亲近到随着我们的意愿走。

不管你想要说服什么人，都要强化语言训练，说好第一句话！

先说出坏处和后果，是最高明的心理战术

推销说服中，若是推销员为了自己的目的，喜欢滔滔不绝，甚至自吹自擂，把自己的产品说得天花乱坠，甚至故意夸大产品的性能和功效，那么只能适得其反。

糖糖是一家的市场销售，有一次她给客户打电话，推销学校新推出的课程。

糖糖：“家长您好，我是xxx培训学校的销售人员。我们学校最近推出一个非常棒的课程，能尽快帮助孩子提高成绩，养成良好的学习习惯。”

客户：“我听过你们学校，但我和孩子曾经试听过你们的课程，感觉不是特别适合孩子。孩子觉得老师讲的内容不是很有趣，没有什么吸引力。”

糖糖："不会吧？我们的老师都非常棒，具有丰富的教学经验。可能您上次试听的时间太短，这次可以听听我们的新课，肯定让您满意。"

客户："孩子的同学也报过你们的长期培训班，成绩提高也不是很快，都说你们的老师讲课不是很好。"

糖糖："啊，不会吧？是哪位老师？我们最近新换了一批老师，聘请的都是重点中学的老教师，非常具有教学经验，绝对能帮孩子提高成绩。"

客户："是吗？你们现在说得天花乱坠，但报名之后也没见有那么好的效果。"

糖糖："我们的老师都是一流的，讲课在全国都是赫赫有名，我保证对孩子的学习绝对有效果。"

客户："我们再考虑一下吧。先这样，我还有事要处理。"

听听糖糖说的话，"重点中学的教师""全国赫赫有名""绝对能提高孩子的成绩"，这都是自我夸耀的话，且有夸张的嫌疑。本来客户就对学校的师资和水平有所怀疑，糖糖依旧自我夸耀，自吹自擂，怎能让客户产生信任感呢？

若是糖糖能改变策略，真诚地承认自己的不足，然后说已经换了老师，授课有所提升，也许客户还会有感于她的真诚，愿意再尝试一下。

我们一定要明白：无论出于什么理由，想要说服别人时，蒙骗绝不是好办法。强调一下利益，再告诉后果，反而会让对方觉得我们更加真诚可信。

人是一种奇怪的动物，对于那些舌灿莲花、喋喋不休只讲自己的好处，不讲坏处的人，往往具有强烈的防备心理。若是对方能适时说一些自己的“坏处”，以及这些“坏处”导致的后果，人们更愿意相信对方。

这是因为，若是对方讲的全是好处，人们就会怀疑他是不是信口胡说、夸大其词，认为这个世界上没有全是好处的东西。因此，人们萌生怯懦退缩的念头，不愿或是不敢相信对方。

若是对方能说出坏处和后果，他们会觉得：如果连这样的后果都能说出来，一定是极尽真诚。他们甚至会产生一种放松的心理，觉得不会被欺骗。所以，在说服他人的时候，若是有坏消息或是“坏处”，应该先说出来，反而会取得最好的说服效果。

崔苗苗在一家中介公司做房产中介，虽然她年纪轻轻，工作时间不长，却已经成为公司的金牌业务员。这是因为，她有一套极高的说服技巧，那就是总能“自曝其短”，率先向客户坦白房子的缺点和不足。

很多同事不明白，为什么崔苗苗要这样做？他们总是强调房子的优势，避免谈及缺点和不足。他们认为，所有人都只喜欢好的结果，而不喜欢坏的结果，一旦把房子的缺点和不足告诉对方，肯定会影响客户的判断，使生意泡汤。

事实正好相反。崔苗苗就因为坦诚地说出房子的不足，而赢得了客户的信任，从而成功拿下订单。事情是这样的：

接待客户之后，她很快拿出自己的方案，为客户挑选了几处不错的房子。她拿着房屋资料，向客户介绍："根据您的意见，这是我们公司目前最适合您的户型了。您看，这个小区不仅绿化建设得好，管理也很好，最大的优势是安静，没有太多的噪音。您刚才说，你特别喜欢安静，这里很适合您住。"

客户说："很不错，这房子价格是多少呢？"

崔苗苗说："50万。"

客户不解地问："是吗？这么好的房子，环境好，还带装修，才卖50万元？据我所知，这价格与市场价相比，有些偏低！为什么会这样呢？我不明白，难道它有什么问题吗？"

崔苗苗笑了："您说得没错。这一点就是我要向您介绍的情况。这套房子各方面都好，唯有一个缺陷，就是离市中心还有段距离。它的附近只有公交线路，没有地铁站，这会使您上下班非常不方便。当然，如果有车，就另当别论。我可以坦白告诉您，之前有几位先生也看中了这个房子，就是因为交通不便只好放弃。如果您接受这一点，我可以再详细为您介绍。若是这让您不满意，我还可以为您找更合适的。"

客户听了恍然大悟，他笑着说："原来如此！怪不得这么便宜！刚好我有车，这个问题也就不成问题了！这房子，我要了！"

就地理位置而言，这套房子有着明显的缺陷。所以，崔苗苗先把房子的缺陷说出来，把这个缺陷带来的后果也说出来。她的做法，无疑是正确的。她暴露了房子的缺陷，道出了后果，但也让客户感受到真诚。她的真诚，说服了客户。

如果她隐瞒不说，只是说房子的好处，客户就会存在疑虑："为什么这么好的房子只卖50万？""这里面肯定有问题！""销售人员肯定隐瞒了实际情况！"这样一来，崔苗苗就会彻底失去客户的信任，从而搬石头砸自己的脚，让客户源流失。

更何况，客户不可能不进行实地考察，到那时，房子的缺点自然无法掩饰。反正客户早晚都要知道，崔苗苗主动提出来，就可以让自己处于主动地位，让客户感到她的坦诚，同时也为自己节省很多时间。

所以，我们一定要明白：先说出好坏处和后果，其实不是坏事，反而有利于我们说服对方。我们把后果告诉对方，其实就是进入对方的内心，从情感上对其展开攻击。我们的潜台词是：虽然事情会出现这样的后果，但我无意隐瞒你。我是真诚的，希望你能明白。

这样一来，当对方感受到你的坦诚、真诚，就会更信任我们，从而愿意被我们说服。人就是这样，如果他们感觉到真诚和信任，接受说服的可能性就会更大。

所以，把那些看似对我们不利的后果，变成我们说服的工具，这不仅不是坏事，还是好事。当你真正做到这一点，说服这场仗已经胜了一大半。

说服时，以肯定性的话语开场

说服其实是让别人从否定到肯定我们的过程。在这个过程中，说话方式至关重要。选择对了方式，我们就可以轻松走进别人心里，驾驭别人的想法，让对方心甘情愿被说服。一旦选错了方式，就会使彼此产生隔阂，戒备心理变强，导致说服效果事倍功半。

那么，我们应该选择怎样的说服方式，让对方愿意接受我们呢？很简单，只要我们尽量避免使用否定性话语，最好是使用肯定性话语开场，就不会引起对方反感，从而让对方更愿意接受我们的说服。

由于公司业务调整，总经理打算把经验丰富的后勤部主管石飞调到业务部做主管，并且让副总找石飞谈一谈。

对于副总来说，这只是一次普通的人事调整，所以他直接找来石飞，并对他说："老石，总经理决定把你调到业务部，你回去准备一下交接事宜，明天就去业务部报到吧！"

石飞一听这话就懵了，他不知道为什么将自己调换部门，便着急地问道："副总，为什么把我调到业务部，是我犯了什么错误吗？"

副总摇着头说："没有，没有，就是因为公司业务调整，你赶紧回去收拾东西吧！"说完，副总就因为有急事离开了。

这下，石飞心里更没底了。他一个劲儿地猜测：我到底犯了什么错误？我这些年在后勤部任劳任怨，副总为什么会无缘无故地把我调到业务部？他越想越不安，觉得自己的能力受到领导的质疑，再加上感觉自己年纪不小了，不适合做业务，便向总经理提出辞职。

这下，总经理也懵了，自己想要提升石飞，他怎会辞职呢？于是，他立即让秘书把石飞请到办公室，准备和他好好谈一谈。

石飞一进办公室，总经理就笑着站起来，说"老石，你来了！快请坐！"

见石飞神情还是不算好，总经理说："老石，你工作表现一向不错，成绩我也都看在眼里了，为什么要提出辞职呢？"

石飞心想，既然总经理对工作比较满意，为什么还要调我去业务部呢？于是，他思索了一阵，说出自己的想法："我的工作是为公司提供有力的后勤保障服务，作为主管，我尽到了自己的职责与义务，可以说是尽职尽责。虽然我的工作还有缺点和不足，可是我一直在努力。不过，我不明白的是，既然您对我的工作还算满意，为什么要把我调到业务部呢？难道我做错了什么吗？”

总经理听了石飞的话，才知道副总并没有明确地表达自己的意思。他笑着说：“原来是一场误会！毫无疑问，你的工作非常出色，我也对你寄予厚望。这次我决定把你调到业务部，不是对你不满，而是看中你的能力，想要让你做业务部主管。”

石飞听了总经理的话又惊又喜，这时总经理接着说：“不过，我还是想听听你对于业务部的看法。”

石飞想了想说：“我没有做过业务，对业务部也不太了解。但是，我在咱们公司工作了这么多年，又做了这么多年的后勤，对业务还是有一些想法的。其实，与客户沟通，和我们平时与公司各部门沟通是一样的，只要处理好与客户间的关系，把客户放到第一位，做好业务不是什么太难的问题！”

总经理连连点头，说道：“你的想法非常不错，和我的想法不谋而合。你能够把后勤部门管理得有声有色，相信你肯定也能把业务部管理好！现在公司缺乏合适的业务部主管，所以我想把你调过去，你看怎么样？”

看石飞有些迟疑，总经理又说：“我知道你担心自己没有经验，但我相信你的能力，也会给你调一个得力的助手。你愿不愿意尝试一下，挑战自己？”

最后，石飞爽快地答应了，“总经理，我愿意尝试，一定不会辜负您的信任！”

为什么同一事情，不同的人造就不同的结果。这是因为，他们采用的说服方式不同。我们都有这样的感受，若是有人否定我们的观点和言行，我们的内心就会不舒服，想要立即反驳，或是心生戒备和排斥情绪，不愿再继续与其交谈下去。

石飞之所以愤然离职，是因为他认为副总否定了自己的成绩和功劳——不由分说地给自己调职，觉得自己出了问题，这也增强了他的排斥心理，不愿了解事情真相，不愿继续被否定。

总经理的说话就不同了。他肯定性的话语开头，让石飞知道自己的能力和业绩是受领导的认可和赞赏的。这样一来，即便石飞知道自己有些许不足，也会对之后的工作充满信心和激情。正因如此，石飞才彻底被说服，心甘情愿地调换部门。

总之，每个人都不愿接受别人的否定，即便明知道自己的言行有不足的地方。当自己的观点或是言行被别人否定的时候，自然不愿意对否定自己的人敞开心扉，更别提心甘情愿地接受他、被说服了。相反，当自己的观点或是言行被肯定的时候，内心自然会认同对方，对对方充满好感，从而愿意接受别人的说服。

所以，以肯定的话语开场，避免说否定的话，我们事先得到别人的认同和好感，说服自然就没有问题。

让你的语言生动起来

在别人的心中留下一个好印象，让别人喜欢、认可你，这是说服的基础。做到这一步，我们就已经成功迈出说服别人的第一步。当然，这只是第一步，仅仅做到这一步远远不够。说服的武器主要是“说”，只有说好话，让语言生动起来，才能增加成功概率。

就好像一道好菜，色香味俱全。菜品的“香”和“味”是让人喜欢的根本，但缺少了“色”，菜品在人们心里的印象分也会大打折扣。试想，谁愿意吃卖相难堪的食物呢？

对于说服来说，“说”如同菜的色泽，如果话说得生动、有趣，说服效果就会更加惊人。相反，不管你说得多道理、多专业，若是苦涩难懂，或过于直白，恐怕效果也不会好到哪里去。可以说，动听、有趣的语言，可以让我们增添魅力，也可以让说服锦上添花。

何欢是一名手机销售，接触的人非常多，类型也各不相同，有老人、学生、职场人士、教师、农民……不管什么人，她都能赢得对方的喜欢，因为她说话通俗易懂，生动有趣，不仅能让客户清晰地明白手机的特点、优势，还被她有趣的语言吸引。

比如，向客户介绍手机的内存时，她不只是简单介绍，而是详细地介绍内存和储存空间的区别。当客户问这两者的区别时，她则运用生动的比喻说："我们平时说的64G、128G是手机的储存空间，不是内存。现在的手机内存基本上都是6G、8G，这已经非常大了。" "它们有什么区别呢？具体的功能是什么呢？"

"我们不如打个比方，您在家里做饭，肯定会煮米饭，内存就是您煮饭的锅，储存就是您储藏大米的容器。我们做饭的时候，得把米饭从容器里放到锅里，做熟了之后吃。锅大了，一次煮的米饭就多，还节省时间；锅小了，得多煮几次，所用时间自然变长。手机的内存大了，运行速度自然就快。"

在介绍相机像素的时候，何欢还会详细介绍："手机照相的效果好不好，不能只看像素。现在，手机的八百万像素已经很高，拍照效果也很棒。大多数人认为，手机像素越大越好，其实不是如此。这主要得看手机相机的功能，好像一个普通人在很大的画布上画画，一个画家在一张小纸片上画画。哪个画得好，不言而喻。所以，我们不仅要看手机像素，还要看相机功能是否强大。"

就是因为何欢说话生动有趣，善于把专业、晦涩的知识用简单、生动语言表达出来，客户才愿意听她讲话，更容易相信她的话。试想，她要是只说专业术语，然后再加上一系列数据，客户听都听不懂，怎能心甘情愿地被说服呢?

好的语言，往往会散发出阵阵醉人的香气，让你的魅力值直线上升。当然，在这种情形下，你能更容易说服别人，达成意愿。好的语言，不一定要华丽异常，但一定要“干净整洁”，通俗易懂，让人们听着舒服。

很多时候，只要我们稍微改变一下说话方式，就可以让自己的语言变得动听，增加说服力。不妨看看这个故事：

巴黎的一条繁华的街头，站着一位衣衫褴褛、双目失明的老人。他是一位可怜的乞丐，想说服行人能够可怜自己，慷慨解囊。于是，他找来一块木板，在上面写上一行字：我什么也看不见。

可是，他的目的落空了，整个上午都没有得到一分钱，甚至是一个面包。过往行人虽多，但显然不愿停下来，帮助这位可怜的老人。有些人只是匆匆一瞥，便无动于衷地走开；有些人逗留了一会儿，可还是选择离开，没有留下任何东西。

快到下午的时候，法国著名诗人让·彼浩勒经过这里，看到可怜的老人，便给了他一些钱，还给他买了些食物。之后，他详细地询问老人的收入情况。老人不断地叹息说：“我昨天在这里等了一天，一毛钱也没得到，只能饿着肚子。今天上午还是这样，如果下午再没有收入，我就只能去别的地方乞讨了。”

让·彼浩勒非常同情老人的遭遇。他想了一会儿，拿起笔在老人身边的木牌上又添了几个字，这句话变成：“春天到了，可是我却什么都看不见。”

令人出乎意外的是，只是增添了几个字，老人的收入竟然大有好转。一些人开始帮助他，给他一些零钱。到了晚上，老人的碗里竟然有了十几个铜板。

这是一个有趣的故事，却告诉我们一个道理：生动的语言更能感动人，使人信服。老人之所以一无所获，无法打动行人，是因为“我什么也看不见”这句话虽然是事实，却平淡无奇，没有丝毫感染力。

诗人让·彼浩勒加了几个字之后——“春天到了，可是我什么也看不见”，使这句话充满浓重的感情色彩，勾动路人的同情心，使他们纷纷解囊。

是啊！春天这么美好，可是老人却这么可怜。这是多么强烈的对比。正因如此，人们的情感更容易被触动，从而愿意帮助这个可怜的老人。

所以，想要提升说服技巧，除了要锻炼口才，研究对方的心理，更应该让我们的语言生动起来。对方愿意听，并且被打动，我们的说服目的才更容易实现。

你说话的温度，决定他人的好感度

说服是一门艺术。一个高超的说服者，一定会为自己的语言设置温度，对不喜欢的降温，对喜欢的人加温。只有让我们的语言有点温度，不是冷冰冰的，才能让对方体会到我们的感情，从而愿意和我们沟通，相信我们的话。即使对方是陌生人，我们说话的温度也不能太冷，否则就会让对方感到疏离感，树立一道无形的屏障。

可以说，你说话的温度，决定了他人的好感度，也决定了说服的成功率。让自己的语言饱含温度，不像机器人一样冷冰冰的，也不像陌生人一样疏远，才能引起别人的共鸣，得到你想要的说服结果。

有一位推销员很有学识，心地善良，推销理财产品。可是他的事业并不顺利，业绩平平，基本没有什么起色。公司内一些和他同期的很多同事，都已经做得风生水起，升职加薪，就连比他晚来的同事都比他业绩好。

是因为他的口才不好，还是业务水平不好呢？都不是。他的口才很不错，能够熟练掌握销售话术，且能抓住客户心理。那么，问题出在哪里呢？

关键在于他与客户说话的温度。在说服客户时，他全程没有一点表情，冷若冰霜，就像机器人一样介绍产品，陈述优缺点，甚至连一丝微笑都很吝啬，如此一来，怎能打动对方呢？

后来，一位朋友发现了这个问题，并且告诉他："你之所以无法做出成绩，是因为你的话语没有任何感情，没有一丝温度。即便你是善良的人、真诚的人，别人却始终无法感受到。他们感觉你就像机器人一样，回馈给你的只能是冰冷和敷衍。"

此后，他改正了这个缺点，与人沟通时，总是面带微笑，增加话语中的温度。人们感受到他的感情和温度，亲切感和信任感油然而生，他的事业也随之有了起色。

由此可见，只是内心有善意是不够的，即便你是善良、真诚的人，也要学会表达自己的善意，给自己的语言加温，而不是像木雕泥塑一般的冰冷。

若想给自己的语言加温，我们应该在话语中添加一些肯定的内容，让自己的语言如同春风、春雨一样滋润人们。当对方感受到我们的语言更有亲和力，就会自然而然地产生好感和信任感。

我们还应该时刻面带微笑，让自己的语言像阳光一样热情，温暖和感化对方的心。当对方感受到我们的热情，就不会拒人千里，愿意给我们沟通的机会。

当然，语言中的温度还可以通过坦率、真诚、发自肺腑的话来体现。不管什么时候，不管对方是谁，只要我们能设身处地站在对方的角度，说出真诚、发自肺腑的话，就可以发挥感动人心的作用。相反，那些冠冕堂皇、虚情假意的话，就很难让人产生亲近感，更无法得到对方的赞同。

韩国前总统卢泰愚遇到过一件令他无措的事。那一年，经济危机在世界各地铺天盖地，韩国同样出现了动乱局势，工潮、学潮四起，哪位总统也不想在任期间遇到这种事，卢泰愚同样陷入困窘。在各地兴起的动乱中，甚至连捡破烂的也组织起来进行示威游行，要求政府给予扶助，和政府谈条件。

看着激昂的民众，卢泰愚感到大伤脑筋，又无可奈何。作为总统，他必须面对眼前的一切。他与内阁大臣一起商讨想出许多办法，但效果一直不明显。

有一天，卢泰愚接待了一个中国人——韩晟昊。他们已经相识多年，韩晟昊已经算是总统的老朋友了。

卢泰愚见到韩晟昊，十分高兴，打算盛情款待。可就在这时，一批捡破烂的示威者又在闹事。韩晟昊见总统眉头大皱，他笑着对卢泰愚说：“让我来和这些‘破烂王’们‘对话’吧，不想让我的老朋友总是皱着眉头。”

韩晟昊将那些“破烂王”请进汉城有名的长城大饭店。“破烂王们”到了这样的环境，显得很窘迫。韩晟昊动情地说道：“我对总统说，人什么都能忍耐，唯独肚子饿了不能忍耐……我非常理解你们内心的焦急。不过，我有一个建议，不是抵抗你们的斗争，而是想劝你们要合理合法地斗争。现在，总统正在争取尽快促成国会批下你们的提议案，但如果要价太高，要求太多，反而什么也不能得到。以我看来，你们是否可以重新拟一份提议案，我保证可以去总统那里，再为你们争取一下！请相信我，我也是穷苦出身，知道饥饿的滋味！”

韩晟昊的话令“破烂王们”泪眼婆娑。尤其是当他说到“肚子饿了不能忍耐”时，几十名“破烂王”的眼眶里全都泪花盈盈。就这样，这些人不再闹事，他们按照韩晟昊的话，拟了提议案，用合法的手段表达自己的意见。

“肚子饿了不能忍耐”“我也是穷苦出身，不愿意忍受饥饿！”韩晟昊用感同身受的温暖话语，有效地达到“通感”，平息了闹事者的情绪。与人对话时，最忌讳的就是高高在上地劝说，给人一种压迫的不适感。所以，温情的话反而容易调动人的情绪，让人安然接受。

总之，若是想要说服他人，先让自己的话中带上温度，多说肯定和温暖的话。这种温情的话语更容易感动对方，让我们赢得对方的认同感和信任感。当我们的话语不断升温，与对方的感情也会不断升温，如此，说服自然会轻松、容易很多。

如果你不能叫人照你做的那样去想，那就叫他照你想的那样去做。